Una lengua muy muy larga

© del texto: Lola Pons Rodríguez, 2017
© de esta edición: Arpa Editores, S. L.

Primera edición: octubre de 2017
Cuarta edición: febrero de 2020

ISBN: 978-84-16601-53-0
Dipósito legal: B 18086-2017

Diseño de colección: Enric Jardí
Diseño de cubierta: Anna Juvé
Maquetación: Àngel Daniel
Impresión y encuadernación: Romanyà Valls
Impreso en La Torre de Claramunt

Arpa
Manila, 65
08034 Barcelona
arpaeditores.com

Reservados todos los derechos.
Ninguna parte de esta publicación
puede ser reproducida, almacenada o transmitida
por ningún medio sin permiso del editor.

Lola Pons Rodríguez

Una lengua muy muy larga

Más de cien historias curiosas sobre el español

arpa

ÍNDICE

Introducción muy muy emotiva	13
Presentación	16
La historia de la lengua de un tiempo perdido	19

Sonidos y letras

¡La ph de Raphael es un escándalo!	25
Yo soy ese	27
Me disfrazo de erre	29
Un punto yeyé	31
Be-ben y be-ben y vuelven a be-ber	33
Una k tako de arkaika	35
Yo acuso a la w	37
Reloj, no marques las jotas	39
Un antepasado de Felipe VI y los sonidos del español	42
Menú medieval: de primero, pizza	44
Menú medieval: de segundo, lasaña	47
Menú medieval: y para terminar, sushi	49
Entre paréntesis	51
Los extraños signos de la ortografía	53
Las abreviaturas y el origen de la ñ	55
Pon tilde, que es gratis	57
Letras de cambio	59
Estar solo y sin tilde	61
¡Ritmo!	63
Isidoro de Sevilla e Isidro de Madrid	65
Con lo mosmo vocol, can la masma vacal	67

Iba yo por la calle y de repente...	70
Mi tipo	73
Yod	76
¿Bailamos?	78
A dentelladas	80
Yernos e infiernos	82

Las estructuras

Raffaella Carrà te lo explica	87
Diez cosas sobre mí	89
Jon Kortajarena no es muy guapo	91
Crisis, no: ¡clisis!	93
Palabras con identidad transgénero	95
A mí no me lo digas	98
¡Eso ya no se llama así!	100
Una perla lingüística	102
24 horas en la vida de un imperfecto	104
Si tú me dices *ven*	106
El maestro Yoda en la historia del español	107
Por vos muero	109
Te diré lo que vamos a hacer	111
Vecina, señora vecina	113
¿Cómo que no? ¡Claro que *òc*!	115
No busques más, que no hay	118
Si me queréis, idos	120
La plaza Sintagma	122

Palabras, palabras, palabras

¡Y un pepino!	127
Un corazón agrandado	129
Conchita Wurst en la historia del español	131
El pequeño Nicolás en la historia del español	133
Camilo Sesto en la historia del español	135
Apellidos	137
¡Tápate las piernas!	141
En blanco y negro	144
Los ladrones, tesoro de nuestra lengua	146
Columpiarse	149
¿Crees en la reencarnación?	152
Bigote	154
¡Qué guay!	156
Explicando las características de los fantasmas	158
Los sobres de antes no eran como los de ahora	160
Políticos que usan chanclas	162
Hago ¡chás! y te convierto en una palabra	164
Ikea en la historia de la lengua española	166
El *brexit* no me gusta nada	168
Palabras en Burgos: caciques y flores en Gamonal	170
Palabras en Sevilla: la escisión lingüística	172
Palabras en Ucrania: nuevos países, viejas definiciones	174
Palabras en Argentina: la mamá de Marco	176
Palabras en Perú: de la época colonial al escribidor	178
Palabras de Japón y gente de Japón	180

Los textos

La diosa de las primeras palabras	185
La historia de la lengua en los límites	187
No te empeñes	189
El valor de lo pequeño	192
Pelea por unos quesos	194
El viaje de unas glosas	196
A caballo y hablando por el móvil	198
Sabio pero burro	200
Leer con cuchillo y tenedor	202
La multiplicación de los impresores	204
Nadie habla tu lengua	206
Tertulia académica	208
Lengua en el paisaje	210
Greguerías lingüísticas	212

Filología y filólogos

Y no poder conseguirlo	215
Por qué morder la manzana de la Filología	216
La tarde en que #Filología agitó Twitter	218
Por qué no debemos invadir el Reino Unido (aunque nos sobren razones para ello)	220
6 cosas que aprendí mientras veía manuscritos	224
Juan de Valdés y Juan Valdez	227
Estando María Moliner solita en casa una tarde	231
El escrito menos importante de Rafael Lapesa	233
Joan Corominas: omite ese étimo	236
En la muerte de mi maestro Manuel Ariza	238
Lengua de hoy, lengua de ayer	241

Felices fiestas

Empieza un año de historias de la lengua	245
5 de enero: noche de Reyes	248
14 de febrero, día de san Valentín: un texto del siglo xv	250
En febrero, entrega de los Premios Goya	252
8 de marzo: día de la Mujer Trabajadora	255
Víspera de Semana Santa: Viernes de Dolores	258
En Semana Santa: las torrijas de mi madre	260
La Feria de abril de Sevilla como campo de investigación	262
22 de abril, día de la Tierra	264
1 de mayo: día del Trabajo	266
21 de junio: empieza el verano	268
7 de julio: ¡San Fermín!	270
1 de agosto: operación salida	272
El final del verano	274
Empieza la Liga: un domingo viendo el Betis	276
12 de octubre: día de la Hispanidad	278
22 de diciembre: sorteo de El Gordo	280
28 de diciembre: Día de los Santos Inocentes	282
Natalia cuenta Navidades	284
Y una despedida	286

Introducción muy muy emotiva

La primera edición de *Una lengua muy larga* apareció en junio de 2016 y planteó una forma distinta de explicar a la sociedad la historia de la lengua que hablaban, conocían o aprendían. En septiembre de 2016 hubo segunda edición y, meses más tarde, una tercera. Ahora, las *Cien historias curiosas sobre el español* que subtitularon a *Una lengua muy larga* se convierten en *Más de cien historias curiosas sobre el español* y hacen a la lengua *muy muy larga*.

Hubo, y hay, etiquetas #UnaLenguaMuyLarga en redes sociales y fotos de lectores queriendo emular la portada de esas ediciones, con D. Miguel de Cervantes tocado con unas Rayban. Unos sacaban la lengua, otros se pusieron las gafas de sol, otros hicieron ambas cosas a un tiempo. Todos mostraron que creían en la cultura lingüística dicha de otra forma, explicada con el rigor que merece la ciencia, y sin la solemnidad que nos asusta y aparta de algo intocable que se expone como quien enseña un mausoleo respetable pero lleno de polvo por dentro y por fuera.

El éxito de la obra dio lugar al aumento de la presencia de contenido divulgativo sobre la lengua española en los medios de comunicación. Colaboré con varios de ellos, y en todos los encuentros con el público pude confirmar que sí, ¡claro que sí!, el español interesa y raro es quien no se ha hecho alguna vez una pregunta sobre por qué se escribe o se habla de una forma o de otra. El libro ha tenido un amplio recorrido desde su primera edición y yo, como profesora universitaria y divulgadora, quería resolver con nuevas historias algunas de las dudas sobre la historia del español que me habían planteado los lectores en los encuentros que en firmas o charlas he mantenido con ellos. Por eso, un año y medio después de la primera edición aparece esta *lengua* que es aún más larga que la anterior. Lo es porque en ella se han incorporado nuevas historias, se han corregido algunas erratas y se ha envuelto el resultado en un formato robusto que hace de la obra un libro más completo y duradero, el libro que ahora el lector tiene entre manos.

Creo que el sentimiento humano que más valoro y exijo es la gratitud. Y la mía va dirigida a todos los que han cuidado de *Una lengua muy larga* desde que se escribió, cuando el libro era aún una criatura de cuyo futuro nada sabíamos, hasta ahora, cuando sale, crecido y airoso, a pasearse como insolente joven que saca *una lengua muy muy larga*. Cuidadores de este libro han sido la familia Palau, responsable de Arpa Editores; Francisco Rico, que apoyó la publicación de la obra, así como los diversos reseñadores que ha recibido el libro en distintas revistas científicas de especialidad: Andrés Enrique Arias (*Revue de Linguistique Romane*), Livia García Aguiar (*Revista Internacional de Lingüística Iberoamericana*), Lorena Núñez Piñeiro (*Español Actual*), José Ramón Carriazo (*Revista de Historia de la Lengua Española*) y Florencio del Barrio de la Rosa (*Rassegna Iberistica*). Beatriz Almeda (de Canal Sur Radio), el equipo de *Verne* (de *El País*) y Salvador Gómez Valdés (de *La aventura del saber*, La 2, Televisión Española) me han dado la oportunidad de hablar de historia de la lengua en los medios y gracias a ellos he vivido experiencias muy interesantes que han hecho crecer mi vocación por enseñar y por seguir aprendiendo de historia de la lengua. A mi lado, mis alumnos, mis amigos y mi familia han hecho suya esa lengua larga que al principio fue solo un sueño mío. Todos merecen el abrazo de estas palabras agradecidas.

Sacar un libro a la calle es lanzar una botella al mar: no sé cuántos sacarán esta botella de estantes de bibliotecas y librerías, quiénes serán capaces de dar cobijo y calor a un libro náufrago entre novedades o quiénes, al terminarlo, llegarán incluso a devolver un mensaje (¡por favor, no un botellazo!) a la autora. Para quien quiera hacerlo, mis perfiles de Facebook, Twitter (@nosolodeyod) e Instagram (@soylolapons) están a disposición de los lectores, así como mi web (www.lolapons.es), donde tengo alojadas otras de mis publicaciones sobre Historia de la Lengua.

Termino con unos versos del poeta andaluz Felipe Benítez Reyes:

> *Somos la memoria*
> *del tiempo fugitivo,*
> *ese tiempo que huye y se refugia*
> *—como un niño asustado de lo oscuro—*
> *detrás de unas palabras que no son*
> *más que un simple ejercicio de escritura.*

Haciendo la memoria de ese tiempo fugitivo, el tiempo pasado de la historia de la lengua, tratando de que no nos asustemos ante él ni lo veamos oscuro, dejo al lector ante mi ejercicio de escritura.

Presentación

El lector, que está iniciando la lectura de *Una lengua muy muy larga* por esta línea que lo abre, comparte conmigo su conocimiento de la lengua española. Tal vez la aprendió como lengua materna, es decir, fue la primera lengua que oyó, la de su madre, y fue en su entorno infantil donde le llovió el español hasta que empezó a balbucearlo en sus primeras palabras. Tal vez la aprendió como segunda o tercera lengua en la escuela o al viajar a algún punto de la geografía hispanohablante.

Es posible que este lector haya pensado alguna vez que ese español que él habla y entiende no es el mismo que se habló en otro tiempo, e incluso puede ser que no entienda frases de esta misma lengua de otras centurias pasadas. Claro que el pasado puede sernos tan cercano o lejano como el viaje que emprenda el recuerdo. Nuestra abuela llamaba *taleguita* a esa bolsa donde nos metía la deliciosa merienda del colegio, hoy preparamos con prisa la *mochila* a nuestros hijos; nuestra bisabuela tenía en su casa un *aguamanil* y nosotros tuvimos que buscar en el diccionario para saber que esa palabra de arquitectura ornada era un *lavamanos*. Esas palabras que no usamos pero sí entendemos son parte de nuestro propio léxico, integran nuestro conocimiento pasivo del idioma, aunque no las pongamos en circulación en nuestro uso activo. Nos resultan arcaicas y más oscuras, en cambio, palabras, frases enteras, letras, que hemos visto al leer en la escuela obras antiguas de la literatura del español. Si entendíamos la nobleza del Cid cuando se dirigía a un injusto destierro mandado equivocadamente por su rey, no alcanzábamos a recuperar su mensaje cuando se ponía en boca de su fiel servidor Martín Antolínez, en el *Poema del Cid*, la frase *En yra del rey Alfonsso yo seré metido / si convusco escapo sano o bivo*. Este lector que piensa que sus palabras no son las de sus padres (como no lo son tampoco las de sus hijos), que se pregunta a veces de dónde vendrá una palabra, que observa el acento distinto de otro hablante de español y acaricia alguna de las palabras diferentes que el otro usa... este lector tiene sensibilidad lingüística y este libro aspira a hacerlo disfrutar aprovechando esa sensibilidad.

Una lengua muy muy larga presenta más de cien relatos sobre el pasado y el presente de nuestra lengua, y escoge los temas de esos relatos a partir de varios temas: los SONIDOS que se escuchaban antes (y puede ser que también hoy) en nuestra lengua, así como las letras con que se plasmaban; las PALABRAS que constituían esos sonidos y las ESTRUCTURAS en que estas palabras se combinaban en otro tiempo. Técnicamente tenemos, pues, los fonemas, el léxico y la morfosintaxis. Todos ellos se reflejan en los TEXTOS que nos ha transmitido la lengua antigua. Para leerlos, contamos con la ayuda de quienes hacen FILOLOGÍA (otra sección del libro), que han investigado sobre este asunto dentro de esta ciencia. La última parte de la obra se llama FELICES FIESTAS porque acerca a la Historia del español épocas y efemérides del año, desde la Navidad al Carnaval pasando por el Día de los Enamorados.

Un temprano estudioso del español, Gonzalo Correas, escribió en su *Arte de la lengua española castellana* en 1625:

> Los libros se escriven para todos, chicos i grandes, i no para solos los onbres de letras: i unos i otros más gustan de la llaneza i lisura que de la afetazión, que es cansada.

Con ese objetivo de divulgar, de sacar los conocimientos de historia de la lengua a la calle y ofrecerlos al lector interesado nació el blog *Nosolodeyod*, la bitácora que inicié en 2009 y que ha ido sumando visitas hasta hoy. Vista la acogida que alcanzó ese diario semanal de historia de la lengua, me decidí a escribir una historia de la lengua *para todos*. El resultado lo tiene el lector entre sus manos: una historia divulgativa de la lengua española, contada a partir de píldoras que juegan con el eje del pasado y el presente. Hay humor, emoción e intención de hacer las cosas fáciles para que entendamos que en nuestras palabras sigue oyéndose el sonido con que se mandó a la guerra en la Castilla medieval, sigue latiendo la palabrería del Barroco y permanecen vivas, en el habla común o en la de nuestros dialectos, los andamios que como edificios sostienen la lengua en forma de oraciones.

Este es el libro cuyo proceso de escritura más he disfrutado y paladeado. Lo dedico a todo aquello que aprendí perdiendo. Y a quienes me acompañaron en ese aprendizaje.

La historia de la lengua de un tiempo perdido

Esta es una colección de historias sobre una lengua que hoy hablan millones de personas en el mundo. Toda historia empieza en un tiempo y en un lugar. Ese lugar, para el caso del español, es Castilla. El castellano comenzó siendo una más de las varias lenguas romances que nacieron del latín en la Península Ibérica, la lengua de un condado llamado Castilla, hablada por el pequeño número de habitantes de ese lugar que luego se hizo reino. Que ese reino creciera o que se expandiera a costa de asumir otros territorios es una circunstancia histórica que tuvo una inmediata repercusión lingüística. Desde el siglo XI al XVI es posible seguir la historia de crecimiento del castellano; primero, dentro de la propia Península, hacia el sur y los laterales conforme se avanzó en la Reconquista y se fueron uniendo otros reinos a Castilla; después, fuera de ella, con la expansión atlántica y la aventura americana. Lo que empezó siendo el *castellano de Castilla* fue ya, desde el XVI, el *castellano de España*, y desde esa época tiene bastante sentido que hablemos de *español*.

El tiempo de inicio de esta historia es más indefinido, puesto que se trata de fijar cuándo a fuerza de cambios y escisiones respecto al latín, la variedad hablada en esa zona de Castilla comenzó a ser una lengua propia. En realidad, ese problema es el mismo para el resto de lenguas romances. Y por eso convenimos en decir que los siglos IX a XI son la época de nacimiento de estas lenguas hijas del latín.

Ese castellano que nace del latín fue en un principio solo *una forma de hablar*, en absoluto de escribir. Se seguía escribiendo latín, tratando de hacerlo de la forma más correcta que cada cual sabía. Gradualmente esa forma de hablar fue ganando su espacio en la escritura y en situaciones reservadas hasta entonces al latín. Eso es un proceso muy largo, larguísimo, tanto que algunos lectores han sido testigos de una de las fases finales de él. Me explico: desde la Edad Media vamos a ver, en diferentes etapas, cómo el castellano empieza a escribirse, pero de forma involuntaria, asomándose en los textos de aquellas personas que dominan mal el latín escrito y cometen errores reveladores de una pronunciación castellana. Cuando un escriba distraído escribe no *terra* sino *tierra* está redactando castellano, muy a su pesar. Eso sabemos que ya está pasando en los siglos X y XI. Luego vemos que el castellano se escribe de forma voluntaria en textos literarios, obras de derecho, textos de la corte real, traducciones de textos científicos, etc. Esto va ocurriendo de forma gradual, a partir del siglo XIII. Un momento relevante, ya entre el XV y el XVI, es la propagación de la idea de que el castellano es una lengua que se puede explicar mediante reglas gramaticales (por eso es tan importante la obra de Nebrija, autor de la primera gramática sobre el castellano) y que se puede enseñar a extranjeros, coincidiendo con la expansión europea de Castilla en época del emperador Carlos V. Desde la Edad Media a los inicios de la Edad Moderna el castellano irá reemplazando al latín gradualmente; tal vez el lector recuerda, porque lo haya visto o se lo hayan contado, que en los primeros años 60 la misa en España se daba aún en latín. Ahí vemos que ese proceso del que hablamos ha llegado incluso a la Edad Contemporánea, cuando por fin desde el Concilio Vaticano II el español desplazó en la misa a su lengua madre.

Si nuestra historia tiene un tiempo y un lugar, tiene también unos personajes. Y esos personajes somos, claro está, los hablantes. Los hablantes son los dueños de la lengua y quienes la hacen cambiar, crecer o esconderse según su voluntad de usarla o no. Para la historia de este castellano que se hace español, tenemos a unos hablantes que gradualmente hicieron la transición entre la lengua que recibieron, más latina cuanto más antiguo sea el momento al que nos desplacemos, y la lengua que dejaron en herencia, distinta siempre a la heredada.

Todas las lenguas, menos las muertas y las inventadas, cambian. Por eso, podemos decir que es connatural (al español y a cualquier otra lengua viva) el cambio lingüístico. Este puede plasmarse en novedades en la manera de pronunciar, en adquisiciones de palabras nuevas mediante el préstamo desde otras lenguas, o mediante la creación de formas a partir de los recursos que tiene el propio idioma; pero la novedad puede ser no solo de sonidos o de vocabulario, puede ser de estructuras, de sintaxis: cambios en la forma de construir la frase y de relacionar las palabras entre sí. Hay también cambios en los textos: se crean tipos de textos que antes no habían sido escritos en español; y puede haber cambios de valoración, que modifiquen la impresión positiva o negativa que tienen los hablantes sobre una determinada forma lingüística.

Siempre hay cambios, pero hay momentos con más cambios que nunca, o más relevantes. Son algo así como los instantes estelares de toda historia. Yo me permito seleccionar tres:

- El primero queda tan lejos como el siglo XIII. Es la época de Alfonso X, el rey que apoyó decididamente la escritura en castellano de textos científicos, legislativos y administrativos. Eso no solo es importante por el gesto en sí, sino porque escribir mucho en castellano puso a la lengua a *hacer gimnasia*, favoreció que se uniformase bastante la forma de escribir y que se enriquecieran el léxico y la sintaxis. Cuando el lector pase por una *calle Alfonso X*, un *instituto Alfonso X* o una estatua a él dedicada, ha de recordar que mucho de nuestra lengua se debe a la valentía intelectual de este rey.
- El segundo momento no tiene protagonista o, mirándolo al revés, tiene miles de protagonistas. Se trata de los siglos XVI y XVII, que se llaman *de Oro* en literatura por escritores como Garcilaso, Lope de Vega, Quevedo o Cervantes, pero

que es también de oro lingüísticamente por muchos factores unidos que no fueron gobernados por nadie. En ese tiempo al español *le cambió la cara*: desaparecieron sonidos medievales y surgieron sonidos nuevos, se estabilizaron o se resolvieron procesos de cambio vivos siglos atrás... todo eso se hizo sin que nadie dirigiera el proceso, los protagonistas fueron los propios hablantes. Y ocurrió al mismo tiempo que crecía de manera inesperada la extensión de uso del español, a través de América, las Filipinas y la expansión imperial europea.

- Por último, el tercer momento lo podemos cifrar en el siglo XVIII, cuando se funda la Real Academia Española. Es una institución relevante para la lengua, porque será la primera vez que haya un intento *desde arriba* de establecer normas para el español. Con ella arrancan publicaciones que son muy simbólicas para los usuarios del español, como los famosos diccionarios de la Academia.

En lo que sigue, el lector va a conocer las historias de algunos de esos cambios, contadas a través de los personajes o las palabras que fueron protagonistas del cambio. Pero no puede olvidar que él no está fuera de este libro, sino dentro de él, puesto que, como hablante de español, también está siendo parte de esta película de la historia de la lengua: puede alinearse con otros personajes (otros hablantes), tener sus gustos sobre qué cambios le parecen mejor, quiénes son *buenos y malos*, pero no deja de ser una parte de un guion que no puede controlar totalmente. Siéntese a leer este libro como quien ve una película, pero no deje de intervenir en ella, por favor.

Sonidos y letras

De la A a la Z, las formas de decir el español de una punta a otra del mundo: saboreamos los sonidos del español y nos fijamos en la forma que tenemos y hemos tenido de escribirlo

> PHILOSOPHIA
> ANTIGVA POETICA
> DEL DOCTOR ALONSO
> Lopez Pinciano, Medico Cefareo.

¡La ph de Raphael es un escándalo!

Que el libro de Alonso López Pinciano, de 1596, se llamara *Philosophía antigua poética* es bastante predecible. Hasta el siglo XVIII, en las tradiciones de escritura que se transmitían de generación en generación escolarmente, se enseñaban la *f* y el conjunto de dos letras (o dígrafo) *ph* como indicadores de un mismo sonido. El dígrafo se usaba sobre todo para palabras que, como *philosophia*, habían llegado al latín a través del griego y se escribían en la lengua helénica con la letra *phi* (o sea, Φ), pero sonaban con /f/.

Pero que el ciudadano Rafael Martos (1943-), conocido como *El divo de Linares*, cambiase su nombre artístico a *Raphael* al fichar por la casa discográfica *Philips*, homenajeándola en esa *ph*, eso...

¡escándalo, es un escándalo!

Entre los textos que escribían *ph* en la Antigüedad y los discos del cantante Raphael han pasado muchos años, los suficientes como para que se hayan producido reformas ortográficas varias que han ido postergando la presencia de *ph* en nuestro idioma.

La primera ortografía de la Academia, de 1741, se tituló *Ortographía española*, pero la segunda edición, de 1754, se llamaba ya, sin *ph*, *Ortografía de la lengua castellana*, y establecía (en su pág. 63):

> La Ph que tienen algunas voces tomadas del Hebreo, ó del Griego, se debe omitir en Castellano, sustituyendo en su lugar la F que

tiene la misma pronunciacion, y es una de las letras proprias de nuestra Lengua, á excepcion de algunos nombres proprios, ó facultativos, en que hay uso comun y constante de escribirlos con la Ph de su orígen, como Pharaon, Joseph, Pharmacopea.

Si en 1754 la RAE quita la *ph* salvando solo algunos casos muy tradicionales, en la edición cuarta de su *Diccionario* (1803) la elimina por completo, explicando que el sonido de la *ph*...

> se expresa igualmente con la f, por cuyo motivo se han colocado en esta última letras las palabras phalange, phalangio, pharmacéutico, pharmacia, phármaco, pharmacopea, pharmacópola, pharmacopólico, phase y philancia.

Así que adiós, adiós, *ph*.

La decisión que tomó la RAE en el xix es coherente con otras eliminaciones. Otras grafías dobles, como *th* (*Thamar, Athenas, theatro*) y *rh* (*rheuma*) fueron eliminadas también a fines del xviii. El criterio fonético guio estas reformas académicas, en este caso eliminando dígrafos que no tenían una equivalencia fonética distinta de letras como *t*, *r* o *f*. Junto con ese criterio fónico, hubo otro contrapuesto, que también fue operativo en esas decisiones académicas al regular la ortografía: el principio etimológico, que mantuvo alternancias como *b /v, ge/je* y a letras como la *h* basándose meramente en la tradición latina previa.

En el siglo xx volvió la *ph* con Raphael y una, sinceramente, ya no sabe si aphirmar que con él se phunda una renovación arcaizante de nuestra ortographía, tatuarse su photo en el antebrazo o decir que gráphicamente, este tipo es un auténtico phenómeno.

SSSS

Yo soy ese

Yo soy s.
Ese sonido que pierdes a final de sílaba si eres andaluz.
Lo mismo me escribieron *s* que *ss* que *s larga* (ʃ) en la Edad Media.
Soy la que los niños escriben como un 2 porque no manejan bien la lateralidad.
Soy la que asocias al plural en la ilusión de tus *certezas, ilusiones* y *sueños*.
Soy la que sin embargo es singular en lo que esperas sea solo una vez en tu vida: *crisis (la crisis / las crisis)*.
Soy el sonido que invade los confines de *ce, ci, za, zo, zu* y hace pronunciar *seresa, servesa* a muchos andaluces y a casi todos los hispanoamericanos.
Soy, pues, la llave del seseo.
Amigo y enemigo de la zeta, alterno con ella en palabras donde lo mismo da ponerme que poner la *z*: *biznieto, bisnieto; parduzco, pardusco; mezcolanza, mescolanza*.
Soy incapaz de abrir una palabra si me sigue una consonante y si me obligan a ello pido ayuda a una *e*: hago *espaguetis* de los *spaghetti* y me causa *estrés* decir *stress*; lo mismo me pasaba con las palabras latinas: en español nunca salí a SCENA sino a *escena* y jamás me miré a un SPECULUM que no empezase por la *e* de *espejo*.
Soy la que suplanta a la *x* si esta abre la palabra (*xilófono, xenofobia*), y no doy en cambio *excusas* (/ekskusas/) para que suene *ks* en interior de palabra.

Soy la que manda al *psicólogo* o al *psiquiatra* a la *p*, hundida porque la barro cuando se junta conmigo, empeñada en abrir palabra; si ella empieza la escritura yo soy la única que suena.

Soy parte del artículo en catalán balear (*es / sa*), al que llaman artículo salado.

Soy la que usa una tilde diacrítica en *sé quién soy* para distinguirse de *se sabe*.

Soy el umbral de tus condiciones *si* me usas.

Soy la de la voz de arriero *so*, que antes fue un posesivo masculino *so lugar* (= *su lugar*) y hoy es carne de crucigrama.

Rozando cuatro teclas muy cercanas en el teclado soy *seda*.

Y seda silbé en algunas sibilantes medievales perdidas: *ts, sh* (*coraçon, dexar*), que en el XVI se deslizaron hasta desaparecer convertidas en *z* y *j* (*corazón, dejar*).

Ya lo sabes. Yo soy s.

Me disfrazo de erre

Este año he pasado de los disfraces típicos: ni payaso, ni pirata, ni enfermera. En carnavales he ido de letra erre. No de *ere*, sino de *erre*. Antes la *erre* era la *rr* y la *ere* la *r*, pero con la Ortografía de 2010, la Real Academia decidió denominar *erre* a la r y *erre doble* a la rr. Por si el lector se ha liado, es algo así como:

	R	RR
Antes de 2010	ere	erre
Con la *Ortografía* de 2010	erre	erre doble

Así que me compré el disfraz de erre, que se compone de un antifaz alveolar y una capa sonora.

—¡*Guau!* —dirá el lector— *Esta me está vacilando con esos palabros que usa.*

¡Un momento, que los explico! *Alveolar* quiere decir que la s se pronuncia haciendo que la lengua toque los *alvéolos dentarios*, o sea, los huesos en que se alojan los dientes. Que el sonido sea *sonoro* quiere decir que las cuerdas vocales vibran al pronunciarlo: ponga sus dedos en el cuello mientras dice *na* o *ra*, consonantes sonoras, y compárelo con lo que ocurre cuando dice *pa* o *fa*, sordas.

Sigo con lo de mi disfraz: aposté por este atuendo porque así no necesitaba convencer a los amigos para que fueran como yo, todos vestidos iguales en el grupo. Pude salir con gente disfrazada de vocal e ir en plan vibrante simple diciendo: «Adoro la careta de mi máscara». Luego la noche se hizo propicia y me encontré con alguien más que también se había disfrazado de *r*, una vibrante como yo, nos dimos la mano (funcionamos juntos, en plan dígrafo, *rr*) y en un karaoke cantamos «Mi carro me lo robaron».

¡Ole esas vibrantes *múltiples*!, nos jaleaban. Todos sabían que aunque la letra diga *robaron*, con erre, sonaba como *rrobaron, con doble erre. Y eso de que la letra *r* sonase como simple o como múltiple según su posición era parte de la magia carnavalera que durante todo el año está latiendo en el alfabeto, con letras disfrazadas de uno o varios sonidos.

Pero sigo con la crónica de mi noche carnavalera: al doblar una esquina me encontré con alguien disfrazado de /l/, nos dimos un abrazo: ¡amiga ele! Como consonantes líquidas que somos, compartimos una copa y hablamos de cuando intercambiábamos posiciones: ¿Te acuerdas de cuando nos cambiamos el sitio en PARABOLA > parabla> palabra?; ¿y de lo de MIRACULU> miraglo > milagro?

Un filólogo que nos vio bailando dijo: *Mira esas dos consonantes, con el baile de la metátesis*. Luego vino uno disfrazado de *ene* para bailar conmigo y me empezó a dar alergia ponerme a su izquierda, siempre nos pasa igual: *n* y *r* nos llevamos mal, pero más o menos lo resolvimos...

- bien pidiendo refuerzos a la otra erre que había suelta (HONORA> *honra*),
- bien intercambiando posiciones: ¡*me pongo a tu izquierda, n*! (GENERU> gen'ru> *yerno*),
- o bien diciendo a la /d/, que es tan socorrida, que se pusiera entre nosotras: (INGENERARE> engen'rare> *engendrar*).

Fue interesante ser por unas horas una erre y sentir que yo era parte de realidades como *mar, árbol, redondel*, y también quitarme el disfraz y seguir respirando, razonando y relatando historias sobre el español.

Un punto yeyé

La *i griega* tiene su punto. Y lo digo en el sentido literal. Cuando se utilizaba en los manuscritos medievales una *y*, se solía escribir encima de ella un punto para que, si la pluma no hacía un trazo grueso de la línea de caída de la *y*, no se confundiera a esta con una *v*. Así puede verse en esta frase de un manuscrito del xv que vemos en la imagen, donde dice *este rrey* (con ese larga y raya sobre la *y*).

El alfabeto romano introdujo la letra ipsilon (Y) del griego, por eso esta letra se denomina habitualmente en España *i griega*. Y la otra se llama *i*, normalmente, en España *i* o *i latina*. Esta letra *y* se usaba antes más que ahora, pero con la fundación de la Academia, aparecieron algunas normas que afectaron a su escritura: en 1815 la RAE fijó que solo se usaría *y* como vocal a final de palabra en secuencias de diptongo (*soy, rey* y ya nunca más *Ysrael, leydo*, etc.).

Los nombres de una *i latina* y otra *i griega* eran bonitos representantes dentro de nuestro alfabeto de las dos grandes raíces de la cultura europea. Era algo así como decir *por parte de madre tengo una i latina y por parte de padre una i griega*.

Pero no son iguales las cosas en la otra parte de la comunidad hispanohablante. En América llaman *ye* a la *y*. Y no es la única diferencia. Al otro lado del Atlántico la *be* es *be larga, be grande* o *be alta*, la *uve* es *ve corta, ve pequeña, ve chica* o *ve baja* y la *w* es *ve doble* o *doble ve*.

Apelando a la necesidad de sistematizar nuestra forma de llamar a las letras del alfabeto, la Real Academia Española estableció en 2010 una propuesta bastante salomónica de cambio en el modo de llamar a las letras. Admitiendo el nombre común en Hispanoamérica, dictó que la *y* sería *ye*; concediendo lo general en España, prescribió que *be* y *uve* serían los nombres de ambas letras, quitando los adjetivos de *be corta, larga, doble...*

¿Estamos equivocándonos si decimos que *yendo* se escribe con *i griega* en vez de decir que se escribe con *ye*? No es un error, pero lo cierto es que la RAE no lo recomienda, prefiere *ye*. Somos los usuarios del idioma quienes dispensaremos de éxito o fracaso a estas propuestas.

El caso es que la *i griega* tiene su punto; y, como ha visto el lector, lo tenía materialmente en la Edad Media. Dejando la cabeza volar un poco, podríamos inventar otro nombre para esta letra. Por esa pátina extranjera que no parece haber perdido, por quienes se llaman Fátima, Loli o Mari y firman *Faty, Loly, Mary*; por el coche Lancia Ypsilon a quien nadie llamará Lancia Ye ni Lancia Y griega; por esa autopista Y que une tres ciudades asturianas, y, en definitiva, por ese punto que tiene la Y, yo propongo que la llamemos

Y griega *yeyé*

Búscate una i griega, una i griega yeyé...

Be-ben y be-ben y vuelven a be-ber

Cantando la letra de este popular villancico en español, *Los peces en el río*, llegamos a su frase más simbólica: *Beben y beben y vuelven a beber los peces en el río por ver a Dios nacer.* ¡Guau! Esa frase está llena de consonantes labiales por todos lados, las que se escriben con *b* y las que se escriben con *v*. El lector puede pronunciarla a solas en la intimidad de su casa y observar que decimos *vuelven* con el mismo sonido que *beben*.

La *b* y la *v* suenan igual, pero eso ya lo sabíamos todos, o casi todos: están esos cantantes cursis que dicen *fifo por ferte* exagerando una absurda e injustificada pronunciación diferencial de *v* como si fuese labiodental. Eran letras con sonidos distintos en latín, y hubo diferencia entre *b* y *v* en la Edad Media, pero entonces esas letras se repartían en las palabras de forma distinta a hoy, así que pronunciar actualmente con ese sonido labiodental la *v* es algo sin fundamento, que algunos hacen quién sabe por qué, tal vez porque copian al francés o al inglés, tal vez porque son unos fetichistas y piensan que cada letra ha de tener su pronunciación distinta, tal vez porque son catalanohablantes y les influye su otra lengua (esa sería la única causa legítima de todas las dichas).

Podemos encontrarnos de manera espontánea esa articulación labiodental tan cercana a la *f* en el español hablado en Andalucía. Como en la zona sur de la Península se tiende a alterar la pronunciación de la *s* que está a final de sílaba, las *s* de *atisbo, resbalar, desván* pueden perderse y modificar la pronunciación de la consonante siguiente; suenan entonces cosas parecidas a *atifo, refalar, defán*, no tanto con *f* sino con la labiodental con que hoy algunos imitan la pronunciación de *v*. Observe el lector que ese cambio se da con *b* también (*resbalar*). ¡Pues claro! ¡Si suenan igual!

La ortografía española que se estableció con las obras de la RAE, a partir del siglo XVIII, mantuvo por tradición gráfica las letras *b* y *v*, que en latín se usaban con distinta equivalencia fonética. Se tendió a fijar las grafías de acuerdo con su étimo:

- Se puso *v* donde la había en latín: *veinte* con *v* por venir de VIGINTI, *volver* por proceder de VOLVERE.
- Se puso *b* donde había en latín B, BB o una P que ha dado *b*: *beber* por venir de BIBERE, *abad* donde hubo ABBAS latino, *cabeza* por CAPITIA.

Pero en algunas voces no se respetó el criterio etimológico y, por la extensión que en el uso escrito ya tenían una *b* o una *v* antietimológicas o por vacilación en el establecimiento de la etimología concreta, nos encontramos con casos como *berza*, con *b* pese a proceder del latín VIRDIA (plural neutro de *verde*); *boda*, plural neutro de VOTUM; *barrer*, desde VERRERE o, en el sentido contrario, *maravilla* a partir de MIRABILIA. Y, para los que beben (pero no agua, como los peces del río) y ven doble, están palabras como *endibia, endivia* o *bargueño, vargueño* donde tanto valen *b* como *v*.

Una k tako de arkaika

Qué pesado suena eso de que *es que la juventud se cree que...* ¡Pero es que es verdad! Viendo a los chicos salir del instituto con sus carpetas con mensajes del tipo...

Te kiero   Si no te eskuchan, no les hables   Karlos te amo

se me viene a la cabeza la frase... ¡Es que los jóvenes se creen que han inventado la K! ¡Pues anda que no es vieja esta letra! Claro que hay palabras muy actuales que tienen asociado su propio significado contestatario, reivindicativo, a una grafía con *k*. Ya sabemos que *okupar* no es lo mismo que *ocupar* y que si te gusta el *bakalao* no tienes por qué consumir ese pescado. Pero tanto la *k*, como incluso el uso inconformista que le podamos dar son bastante antiguos.

La *k* estaba en el alfabeto etrusco (siglo VIII a.C.) y de ahí se traspasó a los primeros alfabetos latinos, aunque el latín clásico la rechazaba porque contaba con la grafía *c* + vocal, del mismo sonido que /k/: CICERONE sonaba como /kikeróne/ en latín. Por eso, a las lenguas romances llegó un alfabeto que no hacía uso de la *k*. Aun así, por la tradición de la escritura gótica, los primeros textos romances se escribían con bastantes *k* (después lo verá el lector en la *Nodizia de kesos*); a partir del siglo XII la *k* en castellano se usará muy poco, tan solo para alguna palabra suelta como *kalendas* al indicar la fecha.

Pero eso no implica que no se conociera la *k*. De hecho, un estudioso de la lengua como Gonzalo Correas (1571-1631) firmaba sus obras como *Gonzalo Korreas* y en ellas proponía seguir un sistema ortográfico privado de *c+a, o, u* y de *qu-* en favor de la *k*. Escribía así, como se ve en la imagen de abajo (*Ortografía kastellana nueva i perfeta*, 1630). Esa idea de Correas, sin éxito en el uso, ha ido apareciendo recurrentemente cada vez que de forma aislada alguien ha propuesto una reforma ultramodernizadora del español.

> Para lo kual es de saber lo primero, ke tenemos en el kastellano veinte i zinko bozes, ó sonidos, diferentes en todas nuestras palavras, ke es, veinte i zinko letras en boz: i ke para sinifikarlas en eskrito, son menester otras veinte i zinko figuras, ó karateres, ke las representen, kada una su boz diferente de la otra. Para ello, komo digo, nos serviran

Entretanto, la *k* se fue filtrando en palabras venidas al español desde otras lenguas. Es cierto que llegó incluso a estar fuera de nuestro abecedario (la Real Academia la tuvo castigada de 1815 a 1869), pero ello no ha podido evitar que escribamos *kétchup, vodka, karaoke, búnker* o *anorak*. Como no es tan fiera como la pintan, la *k* también se ha dejado vencer por las letras *c* y *qu*. Es posible escribir *quimono, folclore, biquini, neoyorquino* o *pequinés*, por ejemplo, junto con sus correspondientes variantes con *k*.

Así que es bastante antigua esta *k*. Ke no habéis deskubierto nada nuevo, vaya.

Yo acuso a la w

Yo acuso a la *w*...

- De ser una intrusa, porque en latín no existía, y de meterse en nuestro alfabeto actual migrada desde otras lenguas anglo-germánicas.
- De haberse negado a entrar en nuestro alfabeto durante años, haciéndose la digna y obligando a la *v* a reemplazarla, mandándola al *váter* (por no ir ella al *water*) o poniéndola en riesgo de electrocución al hacerla adaptar el *vatio* de Watt.
- De colarse finalmente en nuestro alfabeto en 1969 y ponerse junto a la *v* haciéndose la buena y diciendo que en origen ella, como doble, era una variedad de la *v*.
- De querer suplantar a la *b* cuando le sigue la vocal *u*, y sonar como /b/ en *kuwaití* y tantos otros casos.
- De ser una chaquetera y cambiar su sonido a /u/ o /gu/ cuando tiene detrás a otra vocal distinta: *waterpolo, kiwi, hawaiano*.
- De haber acaparado todo el *whisky* que había en la barra y de no haber permitido que la castiza propuesta *güisqui* triunfase según la Real Academia Española propuso sobriamente.
- De cambiar de nombre según donde viaje: no es *uve doble* sino *doble u* en México, a imitación del inglés.
- De quitar de los manteles españoles a los *emparedados* para llamarlos *sándwiches*.

Pero declaro también, en descargo de la *w*:

- Que no ha sido la única intrusa en nuestro alfabeto (la *ñ*, la *j* y la *u* tampoco estaban en el alfabeto latino) y que, en cambio, ha sido la que más sufrido la particular *ley de extranjería* que aplican diccionarios y gramáticas a las formas foráneas.
- Que gracias a ella podemos llamar *wolframio* al *tungsteno*.
- Que está padeciendo últimamente, por parte de la RAE, el castigo de llamar *taekuondo* a su palabra *taekwondo*.
- Que, merced a otro castigo destinado a evitar decir *windsurf*, nos hemos topado con la poética (pero posiblemente fracasada) propuesta académica de decir *tablavela*.

Dijo Esteban de Terreros y Pando en su *Diccionario castellano con las voces de ciencias y artes* (1786-1788) sobre la *w*:

> w. No son letras usadas en Castilla sino tomadas del Norte; pero siendo preciso por no carecer de algunas voces que se escriben con ellas, las usamos aqui. El sonido de ellas en nuestro idioma, es el de la primera de u vocal, y el de la segunda de v consonante que hiere á la vocal que sigue.

Más de 200 años después, igual es hora de que la aceptemos sin remilgos, señor juez.

Reloj, no marques las jotas

Ay ese bolero. A mí me parece demasiado lánguido. ¿Lo conoces? *Reloj, no marques las horas / porque voy a enloquecer / ella se irá para siempre / cuando amanezca otra vez.* Al oírlo siempre se me representa un escenario más bien sin relojes: una cafetería de hotel, hora de media tarde y un pianista un poco rancio que toca la versión instrumental de esta pieza ante un público tan resignado que alguno incluso da una cabezada. Vamos a animar el panorama: este bolero merece una versión filológica que sea más bien *reloj, no marques las jotas*. Porque son muchos los que no pronuncian esa jota final de *reloj*, ya que, como otras consonantes en posición final en español, esa *j* es candidata a modificarse y dar lugar a un cambio lingüístico.

Cuando los dialectólogos han salido a investigar la pronunciación de los pueblos y ciudades del mundo hispano, se han encontrado para esta palabra variantes del tipo *relor, reloz, relós*, plurales como *relores* o *reloses* y diminutivos como *relojillo* o *relojín* junto con otros como *relillo* o *relorcico*... Y esto ocurre porque los finales consonánticos lo tienen difícil, se la juegan; como el último vagón del tren, son candidatos a descolgarse del resto de la palabra. Si descolgamos a esa *j*, nos aparece la variante *reló*, que fue escrita e incluso aceptada por la Real Academia Española en su diccionario de 1984 (aunque actualmente ya no se recoge). La podemos localizar sin problema en textos antiguos del español. Así, en el siglo XIX José Zorrilla escribía en rima consonante estos versos:

Volvió a girar otra vez,
y otra a tenerse volvió:
en esto dobló un reló
en una torre las diez.
Entonces quedando fijo,
exclamó en la oscuridad:
«Hoy se casan, es verdad,
hace un mes que me lo dijo».

Es comprensible que el reloj no marque las jotas en lo oral y a veces incluso en lo escrito. Y es que tenemos en esta palabra un final consonántico muy raro en nuestra lengua. Hay muchas palabras que acaban en *–s*, en *–n* o en *–l*, pero ¿un final en *j*? *Reloj* podría hermanarse apenas con otras dos palabras igualmente raras: el árbol *boj* y el *carcaj*. (Y aquí me paro: el lector se estará preguntando qué es un carcaj. Un carcaj es una aljaba. El lector se estará preguntando qué es una aljaba. Una aljaba es el cartucho donde Robin Hood o Légolas guardaban sus flechas; no las llevaban en una bolsa de plástico.)

Pese a su rareza fónica, la palabra *reloj* es bien antigua, aunque antes se escribiera *relox*. Nos la hemos traído desde el latín (HOROLOGIUM) posiblemente a través del catalán antiguo (*relotge*), de donde vendría *reloje*, y, con singular regresivo (o sea, construido 'hacia atrás'), se le quitó la *e* al singular y de ahí vendría *reloj* o *relox*.

Los textos medievales ya traen muchas veces esta palabra, aunque se referían con ella más bien a los relojes de arena o de sol: los relojes mecánicos comenzaron a extenderse por torres e iglesias a partir de fines del XIV: en 1400 ya había uno en la Catedral de Sevilla. Los relojes de bolsillo llegaron a los bolsillos aún más tarde, en el siglo XVII.

El reloj es el intento humano por medir algo que se cuantifica emocionalmente sin este instrumento: el tiempo que esperas para que te den un diagnóstico que temes, el tiempo que tienes por delante cuando por fin puedes reunirte con los amigos de siempre... qué distinto tiempo es. Y luego, frente a la historia de la lengua, que viaja del presente al pasado permanentemente, está el tiempo que tenemos por delante, del que dijo el poeta Ángel González que era *el tiempo bien llamado porvenir*, donde no cabe ningún reloj y en el que no sabemos qué ocurrirá con ese vagón perdido que es la *j* final de *reloj*.

KM 0

Un antepasado de Felipe VI y los sonidos del español

Lo explicaba así el historiador Henry Kamen hablando del rey Felipe II (1527-1598) en su biografía *Felipe de España*:

«En los días de Fernando e Isabel no había una corte propiamente dicha, y su padre nunca estuvo en algún sitio el tiempo suficiente para crear una.»

Felipe II fue el responsable de que en 1561 Madrid se estableciera como capital del reino. Madrid era villa desde el siglo XII y fue corte a partir de finales del XVI, salvando los años de 1601 a 1606 en que el duque de Lerma fijó la capital a Valladolid y, después, los traslados de capitalidad durante la Guerra de la Independencia y la Guerra Civil. Esa fijación geográfica de un núcleo permanente administrativo en el centro de la península hizo que llegasen a la nueva capital contingentes de población venidos de otras partes del Reino: burócratas, buscavidas... muchos de ellos de la cornisa cantábrica y las dos Castillas.

La ciudad, que en 1561 tenía veinte mil habitantes, llegó seis años después a setenta mil. Para la historia de la lengua española, que Madrid se hiciera capital tuvo importantes consecuencias en la difusión de fenómenos fónicos que ya existían en el XVI pero que eran tenidos como vulgares. La mezcla de poblaciones llegadas en aluvión pudo hacer comunes rasgos como la pérdida de sonidos sibilantes o la desaparición progresiva de la aspiración de *f-* latina inicial; esto es, se dejará de pronunciar *hambre* con aspirada y se propagará la equivalencia norteña de *h* a cero fonético, como hacemos hoy al pronunciar *hambre*, donde la *h* no suena.

Como lugar de prestigio lingüístico en la mente de los hablantes, Madrid reemplazó a Toledo, la que fue en el siglo VI capital del reino visigótico, llena de fama intelectual en la Edad Media pero sospechosa en el XVI de ser enclave criptojudaico y arabizante. Es curioso que la cédula real que dicta la instalación de la capital del reino en Madrid se firmase precisamente en Toledo. Toledo se descartó como capital, tal vez por su incomodidad topográfica, poco abrigada de las inclemencias del tiempo, tal vez porque al ser sede episcopal había en ella un fuerte poder eclesiástico.

La cuestión es muy relevante para la historia de la lengua; en la Edad Media y hasta 1561 la corte, si la hay, está donde esté el rey, y el monarca itinera por su reino a su gusto. Alfonso X pasó años en Sevilla mientras que su hijo Sancho IV el Bravo prefirió Toledo, por ejemplo. El asentamiento definitivo de una capital supone el reconocimiento también de un cierto prestigio a lo emanado de ella. Por eso, en el XVII será Madrid quien represente soluciones lingüísticas que se tendrán por prestigiosas y propias del *buen español*. También desde el XVI y al menos hasta el XVIII, Sevilla, como capital espiritual y logística de las Indias castellanas, fue otro modelo de norma lingüística, lo que explica que el seseo o la continuidad en la aspiración de *h-* (*hambre* con *h* sonando) se mantuvieran en Andalucía occidental.

¡La de cambios lingüísticos que se desencadenaron con la decisión del antecesor de Felipe VI!

Menú medieval: de primero, pizza

Ya sé que es poco creíble. La idea que uno tiene de banquete medieval es la de un gran salón con bóvedas, en un castillo, con bandejas donde los costillares de carne asada se acumulan como en pirámide y los personajes de la corte comen pan a mordiscazos más bien rudos. Si la película sobre la Edad Media que uno tiene en la cabeza es más de calleja infame, la comida que se imagina será sopa de rancho en escudilla cutre. Ya sé que no sería posible ver a la gente en Castilla comiendo pizza en la Edad Media (sobre todo teniendo en cuenta que el *pomodoro*, el tomate de la *pizza*, vino de América cuando la Edad Media ya había terminado). Pero entiéndame el lector: necesito que trabajemos con la palabra *pizza* para poder explicar el mayor y más complejo cambio en los sonidos que ha sufrido el español desde que existe. Tiene sentido que después leas en orden las de *lasaña* y *sushi* que le siguen.

Si pronuncias *pizza* en español haces sonar algo como *pitsa*, ese sonido (que vamos a representar como /ts/) existía en la Edad Media, y se solía escribir con esa letra que llamamos *ce con cedilla*, y que se escribe ç. Es una letra rara esta, ¿verdad? La tiene el catalán (donde el Barcelona es el *Barça*) y el español la tuvo pero ya no la tiene (la quitó del alfabeto español la Academia en 1726, al publicar su primer diccionario). Empezó a usarse en los orígenes de nuestro idioma para representar a un sonido nuevo, ese de la /ts/. Cuando se empezó a escribir en castellano, se escribía *plaça*, y se pronunciaba como la *ts* de la pizza actual.

Un sonido como este, tan interesante y característico del castellano medieval, no tenía su futuro asegurado. Quién lo tiene, ¿verdad? Empezó a perderse por efecto de su proximidad con la *s*. Había, sí, peligro de confusión entre /ts/ y /s/ porque están muy cerca en la boca. Por eso, el personal empezó a tratar de arreglar la situación. ¿Qué hacer cuando dos cosas que están muy próximas se confunden y mezclan? Podemos fundirlas en una, cual ocurre en esa sospechosa masa que es cualquier pizza de cuatro quesos, o podemos extremar sus diferencias, como cuando metemos piña en la pizza para hacer sentir la mezcla de dulce y salado. ¿Es mejor una cosa o la otra? Qué queréis que diga, es cuestión de gustos. Algo así ocurrió con la pronunciación.

Muchos andaluces (y con ellos, canarios y americanos) optaron por hacer fundir ambos sonidos. ¿Que /ts/ y /s/ pueden confundirse? Pues las vamos a confundir: adiós a la /ts/, y todo se hará con /s/: al menos desde el siglo XVI sabemos que había gente que pronunciaba *plasa*, *sapato* o *seresa*. Es el seseo. Hoy lo practica la mayoría de los hispanohablantes, ya que se da en buena parte de Andalucía, en Canarias y en toda la América hispana. Por geografía y demografía hay más gente que dice *servesa* que *cerveza*.

Los castellanos del centro y norte peninsular (y con ellos el estándar, que se fue fijando en torno a la corte desde fines del XVI) optaron por resolver ese problema de cercanía entre /s/ y /ts/ separando aún más ambos sonidos. ¿Que /ts/ y /s/ pueden confundirse? Pues las vamos a separar: adiós a la /ts/, hola a un sonido nuevo que estaba más separado de la /s/ que el anterior. Ese sonido nuevo será el sonido de la *z*. Si pronuncias *zapato*, *cereza*, pones la lengua entre los dientes, el sonido nuevo está más separado de la /s/ que el de la /ts/, ya que con /ts/ ponías la lengua tras los dientes. Una cuestión merece aclararse: la letra *z* ya existía desde los orígenes del castellano, y se pronunciaba como una variante de la ce con cedilla. Lo que es novedoso es el sonido que hoy damos a la *z* de *zapato*, que no existió hasta al menos el siglo XVI.

La gente empezó a pronunciar (y poco a poco, a escribir) *plaça* no como *platsa* sino como *plaza* o *plasa*. Estas cosas se hacían sin que nadie las dirigiera y sin ninguna normativa que viniera desde arriba. Simplemente, eran cambios que ocurrían y que, si tenían prestigio, se difundían. Desde el menú de letras medieval (hasta el xv) al menú de letras de la Edad Moderna (a partir del xvi) se había dado una diferencia: en la carta se había eliminado a la *ç* y al sonido al que equivalía. Y las reformas en la carta no se quedaban ahí. Mire lo que ocurrió a la lasaña en la historia siguiente.

Menú medieval: de segundo, lasaña

Tiene más sentido que, si el lector va a empezar esta historia, hayas leído antes la primera parte del menú: la historia en torno a la pizza. ¿Por qué de nuevo un plato italiano, que no existía en la Edad Media, para hablar de sonidos del español? En este caso nos fijamos en la s de *lasaña*, que podría ser la s de otras comidas que, a diferencia de la pizza, sí son típicamente hispánicas: las sardinas, los solomillos de cerdo ibérico, la sopa de pollo... y paro ya. En la historia anterior vimos cómo este sonido, que ya existía en la Edad Media, se confundía a veces con la /ts/ que se escribía con ce con cedilla, y que por eso el viejo sonido /ts/ se adelantó a z o bien se fundió con la /s/.

Terminado el cambio por el que la /ts/ desapareció, el español quedó separado en las dos áreas que señalábamos en la historia anterior: una (distinguidora) con *sopa* y *cerveza* y otra (seseante) con *sopa y servesa*. Hay, además, una subárea dentro de Andalucía que come *zopa* y *cerveza*. No son seseantes sino ceceantes: se creó el nuevo sonido y este absorbió a la /s/ y a la antigua /ts/. No tienen s quienes cecean. Y la cosa no queda ahí. Aunque es poco prestigioso y no se suele practicar en el habla cuidada, hay un fenómeno que también implica eliminar la s de tu sistema consonántico: el *heheo*, por el que, sobre todo en la línea paralela a la costa andaluza, hay hablantes que dicen *hopa* y *herveha*.

Yo entiendo que el lector en este momento esté un poco mosqueado y se pregunte: ¿qué narices pasa con la s? ¿Por qué es protagonista de tantos cambios? Incluso el lector malhumorado amenazará con cerrar el libro y marcharse airado a la calle a discutir con alguien en el bar sobre el intolerable comportamiento movedizo de esta letra.

¡Un momento! Calma.

Respire. No cierre el libro ni se mosquee. Hay sonidos que son más propensos al cambio, por su naturaleza (o sea, por el sitio de la boca en que se pronuncian) y por su relación con otros sonidos vecinos. Más o menos estamos ante comportamientos similares a los que tenemos las personas: todos conocemos a alguien que no ha cambiado de peinado desde los 8 años (y si no conoce a nadie así, piense en Ana Blanco, la del telediario), y todos conocemos a alguien que ha pasado por todos los tintes, permanentes, extensiones y postizos posibles en el mundo capilar. La *s* es un poco lianta en ese sentido, pero hay que reconocerle también, para ser justos, que da mucha vidilla al sistema de pronunciación del español.

Una frase como *la lasaña es deliciosa* puede decirse ¡de tantas maneras distintas! Si eres seseante, pensarás que es *delisiosa*; si eres ceceante, te sabrá *delicioza*; si eres heheante, *delihioha*, y si eres distinguidor se quedará en *deliciosa*. Si la lasaña es *espectacular*, te podrá parecer *eshpectacular*, porque la *s* al final de la sílaba también permite ese movimiento, o *ehpectacular* o *ejpectacular*. Sea abriendo o cerrando la sílaba, la *s* puede experimentar muchísimos cambios.

Terminada esta historia, tal vez el lector malhumorado siga tentado de ir al bar. Puede hacerlo, pero ahora pedirá *servesa, cerveza* o *herveha* sabiendo el trasfondo de lo que dice. En cualquier caso, antes de cerrar el libro, le recomiendo que lea la tercera historia de nuestro menú medieval. Nos acercamos al sushi.

Menú medieval:
y para terminar, sushi

Soy una de las pocas españolas de mi edad que no come sushi. Lo probé, no me gustó y me quedé fuera de todas esas conversaciones que tiene la gente sobre comida japonesa (bueno, si quieres parecer moderno habrás de decir *japo*). Pese a eso, voy a poner un poco de sushi sobre la mesa porque lo necesito para mi explicación sobre el último de estos cambios lingüísticos que estamos viendo que cambiaron la cara al castellano antiguo.

Eso que decimos al decir *sushi*, esa *sh*, existía de forma común cuando nació nuestra lengua. Se solía escribir con una *x*, por ejemplo en palabras como *dixo* o *baxar*. La misma palabra *exemplo* se escribía con *x* y se pronunciaba algo así como *eshemplo*. La historia con el sushi es la misma que la historia con la pizza. Si con la pizza veíamos que la /s/ se confundía con el sonido de la /ts/, que estaba delante, con el sushi observamos que la /s/ se podía enredar peligrosamente con el sonido que tenía detrás, el de *eshemplo, disho*. La historia se repite en varios puntos: mismo problema (posible confusión entre sonidos), misma fecha (el cambio se inicia y resuelve entre los siglos XVI y XVII) y misma solución no uniforme en el mundo hispánico (el norte crea un sonido, el sur reaprovecha los sonidos que tiene).

La zona castellana norteña echó hacia atrás el sushi, se comió su sonido e hizo aparecer uno nuevo. Al igual que para el tema de la /ts/ creó el sonido nuevo de la *z*, para la *sh* creó el sonido nuevo que decimos en *ejemplo, dijo* o *bajar*, escritos con jota, y que también se escribe con *ge, gi* (*coger, gitano*). Antes del xvi existen las letras *ge* y *jota* pero sonaban como *sh* o variantes.

La zona de Andalucía occidental también se comió el sushi, pero no creó un sonido nuevo sino que recicló uno que ya tenía. No hay nada árabe en que en Sevilla, Cádiz o Huelva se diga *bahar* o *muher*. Los andaluces del xvi reutilizaron un viejo sonido que tuvo casi todo el Reino de Castilla pero que estaba desapareciendo en el xvi: el procedente de la aspiración de *f* latina. Los mismos andaluces que decían *huye* (sonando la *h* como aspirada) desde FUGIT o que se quejaban de *la hambre* (de nuevo con *h* que suena) del latín FAMINE pasaron a decir *ehemplo* y *diho*.

El resultado de los cambios que hemos explicado en este menú medieval de tres platos (de tres historias) es que la pronunciación del español en el xvi se escinde en dos brazos y que en ambos ya no hay ni el sonido de la *pizza* ni el del *sushi*. Hoy ese sonido *sh* ha reaparecido en español como variante de la *ch*, sobre todo en Andalucía y el Caribe, donde se pueden oír *noshe, escusha* o similares. El de la /ts/ se da en italianismos del tipo *pizza* o *paparazzi*.

Este proceso de desaparición, aparición de sonidos y reorganización por zonas es una verdadera *revolución* que supone el paso del castellano medieval al español moderno. Se hizo sin que ninguna autoridad lo mandase hacer: los cambios se difundieron desde Sevilla o desde Madrid y fueron poco a poco asentándose en la población. El *ajo* de la sopa de ajo se pronunciaba ya en el xvii como hoy y el cerdo ya no fue más *tserdo* después de estos cambios. Podía haber utilizado otro símil para estas comparaciones, pero el de la comida me sirve. Al fin y al cabo, hablar es poner en bandeja los pensamientos y servirlos al otro a través de la cocina del lenguaje.

Buen provecho.

(BLA BLA BLA)

Entre paréntesis

Se abren y se cierran. Compiten con ellos la *raya* o *guion largo* y tienen como pariente al *corchete* o *paréntesis cuadrado*. *Paréntesis* como término empezó usándose para dar nombre a un inciso dentro de la frase. Pero acabó designando también a un signo ortográfico doble que se extendió a partir de los Siglos de Oro; lo cita Alejo Venegas en su *Tratado de ortografía* de 1521; Luis Alfonso de Carvallo, en un libro en defensa de la poesía titulado *El cisne de Apolo* (1622), lo explicaba así (llamándolo *la paréntesis*, sí, en femenino):

> La paréntesis es cuando entre lo que vamos diciendo se meten algunas palabras de diferente sentido, las cuales se han de meter en medio destas dos comas (), como este breve ejemplo declara: «Venganza (dijo) pedimos». Donde entre *venganza* y el *pedimos*, que hacen un sentido, se encaja el *dijo*, que es diferente.

Dos paréntesis juntos se parecen a un mundo vacío (), que solemos rellenar con algo que queremos aislar del conjunto de la frase con un andamio más alto e imponente que la coma. También tiene otros usos. En una representación teatral, las acotaciones se introducen entre paréntesis y con la letra en cursiva. Pongamos por caso este texto inventado:

    LA AUTORA: Tú, que estás leyendo esta *Una lengua muy muy larga*, ¿eres de los que usas paréntesis?

EL LECTOR: (*Visiblemente enfadado, arrojando el libro contra el suelo y pateándolo sin pudor.*) Pero ¡qué se cree esta! ¡Pues claro que los sé utilizar! ¡Y sé además que en los manuscritos medievales no los usaban, sino que empleaban una especie de barra así / para aislar segmentos!

La historia de este signo, como la de otros signos ortográficos que vamos viendo en nuestras cien historias sobre el español, va de un uso escaso, y con un signo diferente al actual, a un uso creciente a partir del Renacimiento. Es un proceso de ascenso en el que intervienen, por un lado, la aparición de la imprenta (que regula el inventario de signos y empieza a popularizar ciertas tendencias de uso), la explosión del fenómeno de la escritura privada silenciosa (que necesita ayudar al lector a organizar internamente la información del texto) y la propia reglamentación de los libros de lengua (la RAE desde su fundación irá regulando el uso de los signos de puntuación). Si en la Antigüedad se marcaban con la puntuación las pausas en la métrica o los ritmos, progresivamente va a ser un sistema no relacionado con la respiración sino con la jerarquización de las palabras dentro de la frase.

Y después está esa vida propia que tienen los signos de puntuación cuando los sacamos de los textos para decir, en una conversación en el bar, que alguien es *mi amigo entre comillas* o interrumpir una charla diciendo ¡*paréntesis: un cotilleo antes de que se me olvide!* Y cosas así en que la puntuación de lo escrito nos sirve para organizar lo hablado.

(Un paréntesis: si esta historia sobre el español le ha gustado al lector, espere a ver la próxima, sobre otros signos de la ortografía.)

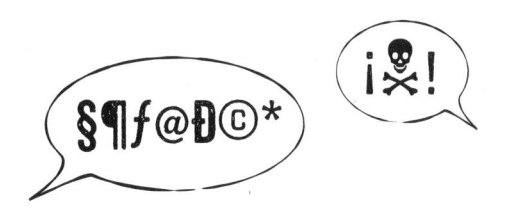

Los extraños signos de la ortografía

En la última *Ortografía* de la Real Academia Española (2010), el interesado encontrará una lista exhaustiva de cómo y cuándo usar en español las mayúsculas, las tildes o los signos de puntuación. Pero leyendo la ortografía vemos también otros signos menos comunes al escribir que la coma, el punto o las comillas. El lector conocerá de vista a algunos de los signos cuya historia repasamos ahora:

¿¡

El signo de cierre de interrogación se usa ya en los manuscritos latinos medievales, y el de cierre de admiración circula en Europa desde fines de la Edad Media y en España desde el XVII. Pero la apertura con un signo específico, el convertir interrogaciones y admiraciones en signos dobles, es algo exclusivo del español.

Spain is different!
¡España es diferente!

Esto de abrir con un signo específico la pregunta o la exclamación lo empezamos a hacer en el siglo XVIII pero no se extendió hasta entrado el XIX, y de nuevo la interrogación fue por delante de la admiración y se extendió antes. De hecho, podemos encontrar textos españoles del XVII y el XVIII donde se emplean interrogaciones en lugar de admiraciones.

[En una tienda de mi pueblo pusieron ¿¿¿OFERTA??? cuando lo que querían decir era ¡¡¡OFERTA!!! No era por seguir el uso histórico de postergar las admiraciones por encima de las interrogaciones, sino una mera confusión ortográfica, pero tenía su guiño histórico.]

Abrir con un signo específico la interrogación o la exclamación tiene sus ventajas para la lectura de los textos, y el lector puede ejercer de patriota no olvidando colocar esos signos de apertura.

§

Como dos serpientes atadas, así es el *signo de párrafo*, que antes se usaba muchísimo en los libros impresos para indicar el número de un capítulo o de un párrafo. Se ponía este signo, un punto, espacio y número, así: §. xx. Ahora lo usamos poco, solo para remitir dentro de un escrito a un subapartado (por ejemplo, *véase* § 2), pero ¿por qué no resucitarlo en nuestro sistema gráfico personal?

¶

¿Le suena al lector este signo? Se llama *calderón* y se empleaba en los manuscritos medievales para indicar pausa larga, normalmente tintándose en color diferente al resto del texto. Hoy nos es familiar gracias a que, como dice la RAE, «se ha recuperado su figura en las aplicaciones informáticas de procesamiento de texto más habituales». Pero eso lo dejamos para la historia de la informática, ámbito en el que verdaderamente se me traba la lengua.

```
CALLEÐ
L A B A Ð
ROÐLA-
CHARID.
```

Las abreviaturas y el origen de la ñ

La pregunta es: ¿Abreviar al scribir? ¿Y q el txto rsultnt qde + o – así? ¿Q os parece leer 1 capítlo d st libro n q s pierdan unas quâtas letras? Algunos dirían:

¡No se puede!
¡Abreviar palabras es el enemigo!
¡En mis tiempos esto no pasaba!
¡Pido antorchas!

Pero lo cierto es que en la escritura antigua se abreviaba muchísimo: formas de tratamiento (*vuestra merced* abreviado en V.M.), nasales (con un signo abreviativo sobre la vocal: *cātaba* era *cantaba*) o palabras como *que, para, señor, perdido, tierra, cristiano, persona, iglesia*... Todas eran comunes en su versión pequeña, llenas de curvas superiores que significaban que faltaba algo, que había que restituir letras.

Precisamente de esa tendencia a abreviar salió la letra *ñ*, que hoy se tiene por símbolo de la lengua española. El sonido de la *ñ* no existe en latín, se creó en los romances desde secuencias que tenían en latín NN, NI, O GN; ese sonido también se creó en catalán, que lo escribe con *ny*, en portugués *nh* o *gn* en francés. Como hemos dicho antes, con una lineta sobre una letra se añadía una consonante *n*. De esta forma, las abundantes palabras del latín que tenían NN se abreviaban en los manuscritos medievales como *ñ*. Por ejemplo, la CANNA latina se escribía como *caña* en castellano.

Observe el lector en la imagen que abre este capítulo una placa antigua de la «CALLE DEL LABADERO DE LA CHARIDAD»; en ella hay algunas vocales que faltan, y eso aun siendo un signo público hecho para ser leído y entendido por todos los que supiesen leer. Antes, en documentación manuscrita muy cuidada, en impresos, tanto en los de ámbito privado como también en aquellos destinados a circular, se daban estos fenómenos, y no solo por la carestía de la tinta, el menor esfuerzo al escribir o el deseo de que una palabra cupiese en la línea. Existía una rutina gráfica y lectora habituada al uso de abreviaturas; es más, incluso había marcas de abreviación que no significaban abreviatura alguna, eran meros exornos gráficos asociados a una palabra.

Esto de las abreviaturas técnicamente es conocido como *braquigrafía* y había tradiciones de escritura que insistían en prácticas braquigráficas que otras tradiciones solían escribir como desarrolladas. Por eso, quienes trabajan con textos antiguos y se ocupan de transcribirlos para que el lector actual los conozca deben enfrentarse al problema de cómo desarrollar las abreviaturas de su fuente.

¿Podemos abreviar hoy? Sí en el móvil o al escribir rápidamente los apuntes. Pero no se puede (o no se debe) en los trabajos escritos ni en el correo formal, porque la rutina gráfica actual asocia la abreviatura a un registro escrito de inmediatez y poca elaboración. Escribir para otro abreviando no es hoy señal de escritura cuidada.

Lo curioso es que en un país donde nos castigamos continuamente por ser derrochadores, hemos construido el icono de la marca España a partir, justamente, de una abreviatura, la de la *ñ*.

Pon tilde, que es gratis

La costumbre de usar tildes para marcar el acento despegó para el español en el siglo xvi. El latín no usaba tales signos pero el griego sí, al menos desde el siglo iii a.c. Por eso se cree que fue la entrada de nuevos textos griegos en el siglo xv, sobre todo en Italia, la que puso de nuevo en circulación en Europa este hábito ortográfico. Primero en Italia, luego en Francia y después en España se extendieron por impresos y manuscritos esas rayas sobre las palabras.

En los siglos xvi y xvii encontramos tildes en la escritura, pero no de forma sistemática ni usadas como hoy. Ese pequeño signo (que los clásicos llamaban *apex*, Valdés en el xvi *rayuela*, y muchos de nosotros simplemente *acento*) fue regulado en España por la Academia a partir del siglo xviii.

Antes se usaban los acentos circunflejos (^), graves (`) y agudos (´) pero en el xviii se perdieron o cambiaron sus formas de uso poco a poco. Eche un vistazo el lector a nuestro particular examen histórico del acento...

EL ACÉNTO

El acento se extiende en español sobre todo a partir del siglo xviii con las obras de la Real Academia Española, y desde entonces se ha ido regulando su empleo. Si en sus primeras épocas de uso se aplica a la sílaba tónica de cualquier palabra (*accénto*, *tenór* están en el primer diccionario de la RAE), posteriormente la clave de las normas que lo regularán estará en tratar de usar este signo distintivo el menor número posible de veces. Por eso, las palabras llanas acabadas en vocal, *n* o *s*, que son las más comunes del español, no lo llevan. Y sí, en cambio, las esdrújulas, que son más infrecuentes.

À

El acento grave, que hoy no existe en español, pero sí en francés, fue en los siglos XVI y XVII muy empleado, incluso más que el agudo, porque por su orientación de izquierda a derecha no corría el riesgo de confundirse con las abundantes marcas de abreviaturas (en forma de linetas o comas similares a la tilde) que se usaban en los manuscritos. La RAE lo usó en su primera obra, el *Diccionario de Autoridades*, para monosílabos con una sola vocal (à, ò, ù) pero en 1741 lo eliminó.

EXÂMEN

El acento circunflejo es la mar de exótico y los impresores lo llamaban *capucha*. La RAE lo recomendó en el siglo XVIII y hasta 1815 para separar valores fonéticos de una misma letra. O sea, se escribía *exâmen* con circunflejo para separar ese sonido /ks/ del que tenía la *x* en *dixo* (que sonaba entonces igual que nuestro *dijo*). También se aplicó para la *ch*, que podía ser el sonido palatal actual de *noche* o también podía equivaler a /k/ en *châridad*.

1 B = 1 V

Letras de cambio

La ortografía cambia: nuestros antepasados escribían *bever, passar, quanto, dixo, fué* y alguna vez tuvieron que ver cómo sus conocimientos ortográficos se quedaban atrás ante las reformas que paulatinamente proponía la Real Academia y que se extienden mediante libros de textos escolares. Observe el lector...

- La regulación de la escritura de *b* y *v* se dio en la primera obra que publicó la Academia, el *Diccionario de Autoridades* (1726-1739); en general se tendió a escribir *b* y *v* según el reparto del latín, aunque en castellano se pronunciaran de la misma forma ambas letras. De esta forma BIBERE> *beber*, ya lo explicamos en el capítulo titulado *Be-ben*...
- Desde 1763 se eliminó la grafía de doble s (*ss*) en español. Esta grafía en la Edad Media indicaba un sonido distinto al de *s* simple, pero desde el siglo XVI la *s* y la *ss* sonaban igual. La Academia en sus obras primeras usó *ss* donde hubo ss latina (como PASSARE> *passar*) pero en la *Ortografía* de 1763 la sacó de la escritura del español. De esta forma *passar> pasar*.
- En 1815 apareció la octava edición de la *Ortografía* de la RAE (la primera había sido de 1741); en ella se fijó el empleo de la *qu-* exclusivamente ante *e* y ante *i*. De esta forma *quanto> cuanto*.
- Esa misma obra de 1815 reglamentó que la *x* se usara solo como equivalente a /ks/, como en *examen, exótico*, así que la *x* que equivalía al sonido de *j* o *g* pasó a escribirse con esas letras. De esta forma *dixo> dijo*.

- Hasta 1959 *fué* llevaba tilde, igual que *vió, dió*. Ese año, unas *Nuevas normas de prosodia y ortografía* dadas por la RAE eliminaron tal acento. Se consideran desde entonces estas palabras monosílabos, y los monosílabos (salvo algunas excepciones) no llevan tilde en español. De esta forma *fué> fue*.

Las letras de cambio de la contabilidad son, a diferencia de estas letras nuestras de la ortografía, incondicionadas y firmes. Pero, ¡oh paradoja!, la gracia es que la expresión de cualquier orden contable tiene que pasar, forzosamente, por la escritura de palabras en letras y con ortografía que pueden ser tan mudables como el valor de las cosas.

Ó Ó Ó Ó Ó O Ó

Estar solo y sin tilde

En 1959 la RAE recomendó no poner tilde a *solo* a menos que hubiera riesgo de confusión entre los dos valores que puede tener esa palabra: el de adjetivo ('en soledad': *vive solo y sin vecinos*) y el de adverbio ('solamente': *solo vive para trabajar*). A pesar de ello, muchos, por la inercia que tienen los sistemas ortográficos, aprendimos en la escuela que el *solo* adverbial siempre llevaba tilde, y escribíamos *sólo vive para trabajar*. Era una tilde usada para distinguir, una tilde diferenciadora, que en ortografía se conoce técnicamente como *tilde diacrítica*.

En la reforma ortográfica última, de 2010, la RAE prescribió ya de manera definitiva que no se acentúa nunca *solo*. Los argumentos que esgrimían eran dos:

- Un argumento comparativo: no acentuamos otros adjetivos que también adquieren función adverbial. En *el deportista es un tipo sano*, «sano» es un adjetivo (si lo dijéramos en femenino, cambiaríamos la terminación: *esa atleta es una chica sana*), pero en *come sano y dormirás bien*, «sano» es un adverbio (su género no cambia: *Gerardo come sano* o *Mónica come sano*), y no lo acentuamos para diferenciarlo del adjetivo.
- Un argumento histórico: esa tilde diacrítica fue introducida a fines del siglo XIX en una obra académica bien presta a prodigarlas, ya que proponía escribir también *éntre* o *sóbre* para diferenciar distintos usos de una misma palabra. La *Gramática* académica de 1870 aumentó el uso de tildes diacríticas y

sumó a ejemplos habituales (*sí, mí,* etc.) esos otros que luego desaparecieron. Pero una de esas novedades en tildes diacríticas subsistió posteriormente: *solo,* que la Academia ha terminado quitando en 2010.

Claro que los hablantes de hoy somos reacios a algunos cambios. Por eso, esta eliminación de la tilde de *solo* está siendo controvertida y muchos dicen «*Pues yo la sigo poniendo, porque me la han enseñado así*». Tienen su parte de razón, ¡con lo que le ha costado a muchos aprender a acentuar *solo* y ahora les quitan la satisfacción de hacer ese distingo!

No podemos considerar que sea una falta de ortografía seguir poniendo esa tilde, ya que una reforma ortográfica necesita años de transición para acomodarse y generalizarse en los usuarios. Pero pensemos en todos los cambios que se han dado en la historia de las letras en los últimos siglos y en la nimiedad que nos supone acostumbrarnos a esta nueva normativa.

Hay un precioso libro de Jean Aitchison, llamado *El cambio en las lenguas: ¿progreso o decadencia?*, que explica de forma muy clara cómo son los cambios lingüísticos. La obra se abre con una cita de John Wilmot (1647-1680) gran vividor y poeta hedonista:

> *Since 'tis Nature's Law to change*
> *Constancy alone is strange*
>
> [Como la ley de la naturaleza es el cambio
> solo la constancia es extraña]

Acentuemos *sólo* o *solo,* participemos de la tolerancia del propio Wilmot para hacernos a la idea de que la ortografía, como nosotros mismos, el mundo, la moda, la longitud de las patillas masculinas y la programación televisiva, son cambiantes. Y que solo (no *sólo*) la constancia es extraña.

¡Ritmo!

Hasta el más soso y plúmbeo de los hablantes, ese que se ata a la silla para no salir a bailar en las bodas tiene un ritmo... al hablar. La música de las palabras es su acento. Menéndez Pidal lo llamaba *el alma de la palabra* y sostenía que era un sello de identidad de los vocablos desde el latín al castellano, ya que en general pocas palabras han desplazado el sitio de su acento desde la lengua madre. Pero, sin que el acento tenga nada que ver, los cambios fonéticos han hecho perderse vocales interiores o finales. Por eso, aunque no se haya variado en general la vocal que era fuerte en latín, cada lengua romance ha terminado creando su propio ritmo:

- el del español es llano (la mayoría de sus palabras lo son);
- el del italiano es esdrújulo y
- el del francés agudo.

Nebrija hablaba en su *Gramática de la lengua castellana* (1492) de «los acentos que tiene la lengua castellana» y señalaba muy acertadamente que la mayoría de la acentuación española es de tipo llano, aclaraba las razones evolutivas de los agudos y los escasos esdrújulos que hay, a los que a veces se cambia el acento:

> La segunda regla sea: que todas las palabras de nuestra lengua comúnmente tienen el acento agudo en la penúltima sílaba, y en las dicciones bárbaras o cortadas del latín, en la última sílaba

muchas veces, y muy pocas en la tercera, contando desde el fin; y en tanto grado rehúsa nuestra lengua el acento en este lugar, que muchas veces nuestros poetas, pasando las palabras griegas y latinas al castellano, mudan el acento agudo en la penúltima, teniéndolo en la que está antes de aquélla.

Más que una letra, una tilde es un compás que aprendes al adquirir la lengua de niño. Aprendes a decir *inspiración* como aguda, *historia* como llana o *música* como esdrújula. Esta es, pues, la música con que nos toca bailar, porque no somos dueños de acentuar donde queramos, salvo en esos casos donde, en palabras de doble acentuación, optamos por un ritmo u otro. ¿Qué prefiere el lector? ¡A bailar!

- Período o periodo
- Cardíaco o cardiaco
- Chófer o chofer
- Pábilo o pabilo
- Austríaco o austriaco
- Búmeran o bumerán

Isidoro de Sevilla e Isidro de Madrid

San Isidoro de Sevilla (556-636) es patrón de los filólogos. Y lo es porque supo recuperar y compilar la cultura grecolatina tal como se conocía en su tiempo, el siglo VI, en época visigoda. Sus *Etymologiae* (Etimologías), escritas en latín, son el precedente de la investigación en el origen de las palabras que hoy es una de las tareas filológicas.

Menos erudito fue en cambio san Isidro Labrador, santo de los campesinos: un madrileño nacido en el siglo XI al que se atribuyen varios milagros y a quien se homenajea cada 15 de mayo en varias ciudades españolas, entre ellas Madrid, ciudad de la cual es patrón. Con ocasión de esta fiesta se celebra en la capital de España una feria en la llamada Pradera de san Isidro.

Son figuras históricas distintas, pero ambas tienen el mismo nombre: la forma griega 'don de Isis' o Ἰσίδωρος (isídoros). La palabra se adaptó en latín de dos formas:

- Una, la propia del latín clásico, es ĪSIDŌRUS. Se practica un desplazamiento acentual que convierte al helenismo en palabra llana: *Isidoro*.
- Otra, la propia del latín más tardío, conserva la acentuación griega original: *Isídoros* y pierde la vocal interna: *Isidro*.

El resultado es una alternancia *Isidoro* / *Isidro*, similar a la de *ibero* / *íbero* que seguimos teniendo en español actual.

El *Diccionario panhispánico de dudas* que ofrece en línea la RAE recoge esta palabra como de doble acentuación:

> Ibero -ra o íbero -ra. 1. 'De Iberia' y, especialmente, 'de un pueblo hispánico prerromano que habitaba el Levante español'. La forma llana *ibero*, acorde con el étimo latino, es la preferida en el uso y la más recomendable; pero también se documenta, y es válida, la forma esdrújula *íbero*, acorde con el étimo griego.

Dos santos, Isidoro e Isidro, y dos ciudades, pero un mismo nombre. No sé si el Isidoro de Sevilla hubiera disfrutado del olor a gallineja frita que sale de la Feria de san Isidro, pero seguro hubiera degustado las clásicas rosquillas; al igual que Isidro Labrador se tomaría unos rebujitos en la Feria de Abril sevillana. Con sus distintos Isidoros, sus diferentes acentos y ferias, Sevilla y Madrid no son muy distintas.

Con lo mosmo vocol, can la masma vacal

El retórico Juan de Robles (1631, *El culto sevillano*) aconsejaba no escribir con la misma vocal toda una frase («Las armas dan a España gran fama», «Todos los mozos son locos») y para evitar eso recomendaba el uso

> de los sinónimos que ha de tener el escritor mui bien vistos, i sienpre para este propósito a la mano, porque una vez convendrá dezir *esto es difícil*, i otra *es dificultoso*, una vez, poner *provecho* o *aprovechamiento*, i otra *utilidad*.

No hubiesen sido, pues, del gusto de Juan de Robles frases como *Di sí; pon no; da alas; lee ese...* u otros enunciados absurdos que se me ocurren omitiendo cuatro de las cinco vocales.

Como juego, el lipograma (que consiste en evitar a propósito una o varias letras del alfabeto en un texto) se ha practicado desde la Antigüedad. Para el español, las muestras más viejas están en las obras de Alonso de Alcalá y Herrera (1599-1682), autor de origen luso, que escribió cinco novelas en cada una de las cuales falta una letra. Por ejemplo, en *Los dos soles de Toledo* (1641) falta la *a*:

> Pero como en el terrestre globo los gustos son veloces y no suceden siempre prósperos, presto se les enturbió su contento, presto el sereno cielo de sus conformes deseos se obscureció de nubes y furiosos truenos. Sucedió, pues, que don Lope se retiró de Toledo por tiempo de un mes por cierto fortuito suceso.

Y el juego se ha mantenido hasta hoy; hay lipogramas de Jardiel Poncela y la obra lipogramática más extensa que conozco, la novela de Georges Perec *La disparition* (1969), que se publicó originalmente en francés sin la *e* y en español se tradujo como *El secuestro* (sin usar la *a*, vocal más frecuente en nuestro idioma). Está bien leerla, pero más por la gracia que por el contenido. Suena así:

> Siempre he tenido en secreto el oscuro embrollo de tu origen. Si pudiese, te hubiese dicho hoy el Tormento que pende sobre nosotros. Pero mi Ley prohíbe referirlo. Ningún individuo puede en ningún momento vender el inconsistente porqué, el desconocido mínimo, el completo veto que, desde el origen, oscurece nuestros discursos, desluce nuestros deseos y pudre nuestros movimientos.

El español tiene cinco vocales, como el latín, pero este tenía vocales largas (que se marcan con una lineta arriba) y breves (que se marcan con un semicírculo arriba), y ese factor de la cantidad vocálica se perdió entre los siglos III y V d.C. Suena a una cosa muy apocalíptica decir

«derrumbe de la cantidad vocálica» (oooohhhhhhh)

y uno se imagina a un edificio cayendo replegado piso tras piso desde la planta superior al suelo. Pero no es nada muy dramático materialmente, sino algo como esto:

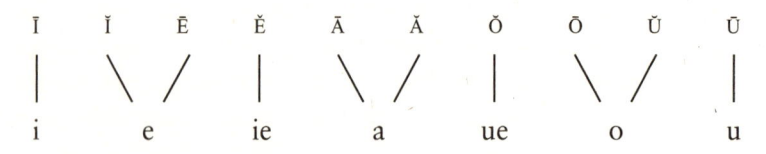

Ī	Ĭ	Ē	Ĕ	Ā	Ă	Ŏ	Ō	Ŭ	Ū
|	\	/	|	\	/	|	\	/	|
i	e		ie	a		ue	o		u

- Hay vocales que se han mantenido sin que el derrumbe de la cantidad vocálica parezca haberlas rozado. Observe el lector a la I larga latina o la U larga. Como eran en latín son en castellano, de ahí que tengamos *vid*, con *i*, donde en latín había otra *i*, VĪTE.

- Hay vocales que se funden con otras. Por ejemplo, I breve y E larga se funden en *e*. Por eso cĭppu ha dado *cepo*, la I breve ha pasado a *e*, mientras que rēte, con E larga, ha dado *red*. El mismo tipo de fusión ha ocurrido entre O larga y U breve.
- Hay vocales latinas como la E breve y la O breve que han originado una secuencia de dos vocales, es decir, han diptongado. Por eso tenemos novu> *nuevo* o bene> *bien*. La diptongación no se da en todas las lenguas romances, por ejemplo, no la tienen en gallego-portugués.

Aunque hayamos perdido la cantidad en las vocales y no tengamos ese sistema doble de los latinos, mantenemos en las lenguas romances sus cinco vocales, una variedad suficiente como para no hacer lipogramas salvo por juego. ¿El lecter se aneme e jeguer?

Iba yo por la calle y de repente...

Cosas que pasan: iba yo tranquilamente paseando por Sevilla, cerca de la famosa Plaza del Salvador, y entré a curiosear dentro de la iglesia que da nombre a la plaza. El sitio tiene su carga de historia y está lleno de vestigios arqueológicos de un tiempo que no es el nuestro. Topé con un precioso patio y me encontré ¡dos seseos y un yeísmo! Tal como suena, o tal como lo ve el lector en la placa que reproduzco ahora. Dice literalmente esto (atención a las negritas):

N. SS. P. PAPA PIO VII HA **CONSEDIDO** PRIVILEGIO PERPETUO AL ALTAR MAYOR DE ESTA **CAPIYA** DEL SMO. CHRISTO DE LOS DESAMPARADOS HACIENDO QUE EL ALMA DE QUAL QUIER FIEL CHRISTIANO DIFUNTO POR QUIEN SE APLIQUE MISA EN DICHO ALTAR CONSIGA **INDULGENSIA** PLENARIA POR LA QUE SELIBERTE DE LAS PENAS DEL PURGATORIO POR SU BULA EN ROMA EN S. MARIA LA MAYOR EN 28 DE AGOSTO DE 1802 LOS SACERDOTES QUE APLIQUEN LAS MISAS HAN DE TENER LA BULA DE LA SANTA CRUZADA.

Este es un lugar muy simbólico: el pequeño patio de naranjos de la Iglesia del Salvador de Sevilla, donde hay restos visibles de la antigua mezquita de Ibn Adabbás sobre la que se construyó el imponente templo cristiano. El lector vería al entrar que, a la altura de sus hombros, hay capiteles de las columnas que, enterradas, certifican que allí abajo se esconde un patio. Hay también en el patio una excavación de la cripta de los Pinelo (del siglo XIV), desde una puerta de madera se accede a la sede de un taller artesano de campanas... Y hay, por último, estos rasgos meridionales en una placa de principios del siglo XIX pegada a la pared.

Seseo y yeísmo existen en español claramente desde el siglo XVI, pero se reflejan poco en la escritura. Obviamente, solo los escribas menos avezados, o los que llamamos *semicultos*, nos dejan muestras de estos fenómenos; lo hacían involuntariamente, pero ¡alabados sean ellos!, ya que gracias a esos errores en los textos podemos saber que desde el siglo XVI en Sevilla era común decir *caye* o *aparese*. Es curioso ver yeísmo y seseo en una placa como esta, pensada para que la viese mucha gente y además dedicada a un tema devoto. Pero la persona que graba la inscripción, el lapicida, es también un escriba, tan culto o poco culto como quien usa la tinta sobre papel.

Así como el seseo sabemos que nace en Sevilla y que desde ese foco se difunde a partir del siglo XVI, para el yeísmo no hay un único origen. Se pudo dar de forma simultánea en dominios diversos del español, aunque parece que el área andaluza estaba a la cabeza de su propagación. Los sonidos de la *ll* y de la *y* están muy próximos (técnicamente: ambos son palatales) pero para el primero expulsamos el aire por los laterales y para el segundo por el centro del canal de la boca, por eso se han confundido (y no solo en español, también en otras lenguas del mundo que han tenido ese par).

Hoy la mayoría de la población hispanohablante es yeísta y se ha hecho poco frecuente la palatal lateral (la que escribimos con *ll*, que suena igual que la *gl* de los italianos cuando pronuncian *maglia rosa*), pero tanto en la propia Andalucía como en otras zonas de la amplia comunidad hispanohablante sigue habiendo localidades donde es bastante común seguir usando una pronunciación de *ll* distinta de la *y* consonántica; en esas áreas se pronuncia *callado* (de *está callado*) de forma distinta que *cayado* (*lleva un cayado* 'bastón').

Observe el lector cómo la valoración de los fenómenos lingüísticos no depende de su antigüedad: el yeísmo (eliminación del sonido asociado a la *ll*) está más extendido y es más prestigioso en las ciudades que la conservación de *ll* frente a *y*; es decir, lo que se ha extendido desde el siglo XVI (y con mucha rapidez en el siglo XX) ha sido el fenómeno más moderno, y es lo que los hablantes prefieren. En mi pueblo (en el Aljarafe sevillano), distinguen *ll* e *y* pero solo los de mayor edad. Jóvenes y niños, que tienen más movilidad, se desplazan a la capital con frecuencia y oyen en la televisión un uso generalizado del yeísmo, apuestan por perder la *ll* y son yeístas.

Así que, tras ver la placa que da origen a esta historia sobre el español y salir de la preciosa placita que hospeda a este documento lingüístico, sale uno con muchas ideas previas enterradas en ese subsuelo lleno de arqueología de la antigua mezquita. Este lapicida yeísta y seseante nos enseña que la historia de la lengua no solo se hace con documentación escrita en papel y que los hablantes más conservadores no son forzosamente los mejor valorados.

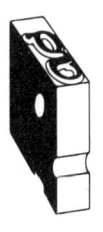

Mi tipo

Hay un libro muy simpático que se titula *Es mi tipo*, de Simon Garfield (no, no estoy hablando de los cantantes Simon&Garfunkel, que en absoluto serían mi tipo). En él se analizan los tipos de letras de los carteles electorales, las paradas de metro, los discos de Amy Winehouse, los aviones de Easy Jet, la revista *Rolling Stone* o la camiseta del futbolista Messi y se cuentan los orígenes, triunfos y fracasos de las fuentes más usadas hoy. Quienes escriben a ordenador conocen con cierta familiaridad la media docena de *tipos* (en Windows se llaman «fuentes») más comunes en los documentos que abren o crean. Y prefieren unos por encima de otros, porque los tipos de letras suscitan adhesiones y odios inquebrantables:

> **Existe un grupo de detractores de la Comic Sans, letra creada en 1994.** Se llaman *Organización contra el abuso de la Comic Sans* y critican que se use en presentaciones científicas o escritos oficiales.
> Hay profesores que instruyen a sus alumnos para que no hagan como círculos los puntos sobre las íes.
> Las fuentes **Arial** y Times New Roman son las más solicitadas por las revistas científicas a los autores que les mandan sus originales.

También hay libros y espacios en la red (como la fantástica página www.unostiposduros.com) que se encargan de explicarnos por qué nuestra visualización de la publicidad actual está mediatizada por la letra en que se ha impreso el mensaje o qué es una *serifa*.

¿Qué es una serifa? —tal vez se lo pregunta el lector. La serifa se llama también *remate*. Hay tipos de letra, como el que se usa en este libro, o el de la letra *Times New Roman* arriba mencionada, que usan ese remate al final de los trazos verticales. Observe el lector, por ejemplo, cómo se posa la letra *T* en el suelo del renglón, con cierto apoyo; ese remate lo vemos al final de los extremos de la *n* o la *l*. Las letras sin serifa se llaman (literalmente) moldes o letras *a palo seco*.

Lo que no se imagina el lector es que algo aparentemente externo a la lengua como el tipo de letra puede ser de bastante peso en la historia de un idioma.

Antes de la imprenta, en la época de la manuscritura, había familias de letras, modos de escribir, que se transmitían por zonas y escuelas de generación en generación. Las diferencias de los escritos medievales con los romanos eran muchas, aun compartiendo el latín como lengua de escritura. La escritura latina clásica no usaba minúsculas (solo mayúsculas o *capitales*) ni dejaba espacios entre palabras; el soporte era distinto también, pues los romanos leían en rollos. Desde el siglo III existe ya el soporte que se llamó CODEX (códice) y un doble catálogo de letras: mayúsculas y minúsculas.

En la Península Ibérica, la letra más extendida en la Alta Edad Media fue la llamada *letra visigótica*, llamada así por usarse en el tiempo de dominio de los visigodos. En Francia, en cambio, desde el siglo VIII se estaba popularizando entre quienes sabían escribir la llamada *letra carolingia*, que toma su nombre del emperador Carlomagno (748?-814). Esta letra fue una verdadera revolución para Occidente, ya que fue reemplazando a otras formas previas de letras. Era una letra clara, con pocas ligaduras, con espacio entre palabras, poco cursiva y muy legible. Se fue extendiendo por Occidente, aunque territorios como el sur de Italia, Irlanda o la propia Península Ibérica fueron reacios a su implantación.

A la Península llegó en fecha más tardía: primero, en el siglo IX, a la zona cristiana de los Pirineos; luego, a León, Castilla y a los territorios que se iban reconquistando. Terminó sustituyendo a la letra visigótica en torno al siglo XII. Este cambio de letra es algo más que un mero reemplazo gráfico: solemos estar muy apegados a escribir como nos han enseñado, y si los escribas gradualmente fueron inclinándose a cambiar de letra fue porque una nueva corriente de influjo francés estaba llegando a la Península legitimada por matrimonios reales (Alfonso VI, en el siglo XI, tuvo dos matrimonios con sendas damas francesas). Esta corriente fue ayudada por el Camino de Santiago (una constante vía de entrada de influjo francés). Se expresó también en otros rasgos lingüísticos que calaron en las lenguas romances peninsulares: nuevo léxico, por ejemplo (*bachiller, deán, galán, garzón, paje*).

Tras la carolina, vinieron la letra gótica (más angulosa, en el siglo XII) y la humanista. Y luego vino la imprenta. Pero esa es una historia de otro tipo...

Yod

Ese signo que ve el lector en la imagen es una letra: una letra hebrea que, en hebreo, se llama *yod* y ocupa la posición décima en el alfabeto. Es un trazo muy simple, pequeño, que tiene su origen en otra letra del alfabeto fenicio. Todas las letras nacieron en algún dibujito con que se representaba un sonido. Ese dibujo, llamado *pictograma*, es para el caso de la yod una mano, y con la mano se simboliza a esta letra en el misterioso mundo de la cabalística y la numerología.

El poeta español José Ángel Valente (1929-2000) escribió un libro titulado *Tres lecciones de tinieblas* (1980) donde hay un poema que se llama «Yod» que comienza precisamente así:

La mano:
en alianza la mano y la palabra.

Entiendo que el lector se estará preguntando ahora: ¿y qué tiene que ver esta letra hebrea con nuestra *Una lengua muy muy larga*? Pues tiene que ver mucho, muchísimo. Atento: esta yod equivale en las lenguas semíticas a un sonido consonántico similar al que hacemos al pronunciar *yo* o a un sonido vocálico similar a la /i/, pero más cerrado. Por eso, cuando comenzó a estudiarse la Fonética histórica de las lenguas romances, en el siglo XIX, se recurrió a este nombre para llamar a un sonido que (sin ninguna relación con el hebreo) surgió en el latín tardío y cambió para siempre la cara de nuestra lengua madre.

Piense el lector en esta escena: si una abuela desesperada llama a voces a su nieto en la plaza, puede gritar: *Antoniooooooooo*, de forma que suene casi como *Antoñoooo*, o sea convirtiendo n+i+o en sonido palatal nasal (ñ) + o. Pues bien, esa /i/ que había en *Antonio* y que ha desaparecido en *Antoño* dejando a la *n* hecha una *ñ* es una yod en acción. Por una convención basada en esa tradición del alfabeto semítico, llamamos yod a un sonido semivocálico o semiconsonántico, una /i/ que está en diptongo junto a otro sonido vocálico: la *i* de *Antonio* es una yod, al igual que la *i* de *seis, viene, copia* o *baila*.

Esta yod es muy importante para la historia de las lenguas procedentes del latín: las palabras que tenían una yod en latín vulgar albergaban dentro una semilla de cambio. Cuando los latinos dejaron de decir ARANEA para decir ARANIA crearon una yod, que hizo que naciese en castellano un sonido palatal que en Roma no existía: la yod de *arania* provocó que la *n* se hiciera palatal nasal (algo como una *ñ*) y *se bebiera* a esa yod. No queda rastro de la *i* de ARANIA en *araña* pero sin esa I no podríamos explicarnos esa *ñ*. Cada vez que pronunciamos esta palabra estamos saboreando una yod, recreando su rastro como responsable de la transformación consonántica que ocurre del latín al español.

Los alumnos de Filología estudian la yod, sus tipos y sus efectos como si fuera algo acabado, pero debemos saber que no es nada muerto y que esta tarde en una plaza una abuela volverá a poner a la yod a trabajar al llamar al nieto.

¿Bailamos?

Sgeún un etsduio de una uivenrsdiad ignlsea, no ipmotra el odren en el que las ltears etsan ersciats, la uicna csoa ipormtnate es que la pmrirea y la utlima ltera esten ecsritas en la psiocion cocrrtea. El rsteo peude estar ttaolmntee mal y aun pordas lerelo sin pobrleams. Etso es pquore no lemeos cada ltera por si msima y la paalbra es un tdoo.

¿Ha entendido el lector lo que he escrito en el párrafo anterior? Lo más seguro es que SÍ, y eso que todas las letras parecían estar bailando. Los bailes de letras no son raros en la historia de las lenguas, y tienen el nombre técnico de metátesis (del griego μετάθεσις, 'transposición'). Más o menos la idea es que una letra se puede colar al lado de otra, y cambia de posición como si mudase de bando; o que dos letras se cruzan, como si bailasen, y cambian sus posiciones.

Que existan estas transposiciones o metátesis es de lo más normal y el lector seguro que ha oído muchos ejemplos de estas metátesis en la calle...

Llama a *Grabiel* ¡Cómete la *cocreta*!
Compra *dentrífico* ¡Una *largatija*!

Fijémonos en la pobre *lagartija* convertida en *largatija*: se cambia de posición el sonido de la /r/, y además hay eso que llamamos *analogía*: el lector cambia el sonido para que se parezca al significado de la palabra (como las lagartijas son animales alargados, con *largatija* lo dejamos claro). Algo similar puede estar pasando con ese *dentífrico* que ha pasado a *dentrífico*, con la metátesis se parece más a otras palabras que acaban en *-fico* como *frigorífico*.

Pero además de esas metátesis «vivas» que hoy oímos por la calle y que tenemos buen cuidado de no escribir, hay otras que se produjeron en el paso del latín al castellano y que se han quedado fijas y para siempre en las palabras. Observe el lector estos ejemplos:

▧ PERICULUM da *pericolo* de donde *periglo*, con metátesis: *peligro*
▧ PARABOLA da *parabla*, con metátesis: *palabra*

Y la más relevante y frecuente de todas: la que se dio en la terminación -ARIUS del latín que tenemos en español como sufijo en nombres de profesión (*librero, jornalero*...), de cosas (*perchero, llavero*) o de lugares (*estercolero*). Esa /a/ de ARIUS ha pasado a /e/ porque la /i/ cambió su posición: ARIUS> -airu> -ero.

Como estos bailes los hemos hecho a partir de lo heredado del latín, otras lenguas (que han tomado esas palabras del latín pero que no han hecho metátesis en ellas) nos muestran un resultado sin movimiento. Nuestros *cocodrilos* españoles y los italianos *coccodrilli* reflejan un baile del latín CROCODILUS que en francés sigue siendo *crocodile*. Como ve el lector, en esto de animarse a bailar a la lengua le pasa como a los asistentes a una fiesta: unos bailan o se sientan según qué suena, o sea, según de qué palabra se trate.

A dentelladas

Los primeros dientes comienzan a brotar en torno a los ocho meses; los llamamos *dientes de leche* y son los que se caen para dejar espacio a los definitivos. En el primer diccionario de la Academia, el diente se definía por su utilidad más inmediata y carnal ('sirve para cortar y moler el manjar', *Diccionario de Autoridades*, 1732) pero otra misión de los dientes es servir de muralla contra la que choca la lengua en la producción de los llamados sonidos dentales.

Consonantes dentales en español son /t/ y /d/. La /t/ la encontramos en posición inicial e interior (*trono, poeta*), y muy rara vez a final de palabra (pienso en *Tamarit*, que ha quedado para siempre en el título de un libro de poemas de García Lorca que se publicó póstumamente, *Diván del Tamarit*). La /d/ aparece también a principio y dentro de una palabra (*diente, rueda*) pero, al contrario que la /t/, es de lo más frecuente a final de palabra (*amistad, Madrid, poned*).

Aunque decir *dientes* evoca fuerza, agarre y poderío, la consonante dental /d/ es de las más débiles en nuestra lengua; tiende al debilitamiento y en ciertos contextos desaparece. Nuestra *d* del español actual viene de dos padres muy distintos:

- Un posible origen es la propia D latina. Observe el lector que la –D– latina intervocálica se perdió en gran medida en su paso al español:

CADERE > *caer*   AUDIRE > *oír*
pero se conservó en algunas palabras, como en
NODU > *nudo*

◆ Otro *padre* de la *d* es la T latina. A diferencia de la *d* que hemos visto arriba, la desaparición de esta *-d* que viene de T no es de la época en que el latín se estaba haciendo castellano: ocurrió en la propia historia del español y todavía está ocurriendo, por eso decimos que es un cambio lingüístico vivo. Cayó a fines de la Edad Media en terminaciones verbales (CANTATIS> *cantades* > *cantáis*) y desde el siglo XVI sabemos que también en el final de los participios (en latín –ATU, –ITU). Así, *he cenado, he bailado* pasa a *he cenao, he bailao*. También *he comido, he salido* pasan a *he comío, he salío*, aunque la pérdida de la *-d* en terminaciones con *-ido* es menos frecuente que las de *-ado*, porque a los hablantes les parece menos prestigiosa y muchos la rechazan. También se pierde esa *d* cuando está en posición final en algunas zonas de la comunidad hispanohablante, como en Andalucía, donde se oye *amistá* o *verdá*.

Este es uno de esos cambios que se han difundido «desde abajo», llegando a los hablantes cultos, que hacen perderse a la *d* a veces como se pierden los dientes con los años. Pero el fonema /d/ no desaparece del idioma; se mantiene en otros contextos, resistente al derrumbe, igual que apretamos los dientes y la mandíbula cuando el viento es fuerte y buscamos sitio hasta que amaine y nos deje de hacer daño en la cara.

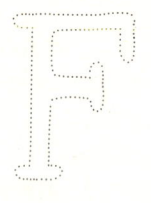

Yernos e infiernos

El típico enfrentamiento familiar es el de una suegra con su nuera. Luego vienen los suegros, las cuñadas, el sobrino insoportable y la cena de Navidad como espacio donde todos ellos se reúnen y disimulan como pueden. Imagino a una suegra diciendo entre dientes al volver de una visita a su hija: *En la casa de mi hija nada más se hace que lo dice su marido, esa casa es Villayerno.*

¡Pues atención! ¡Villayerno existe!

Es un pueblo de algo más de 200 habitantes en la provincia de Burgos, a 8 kilómetros de Burgos capital. Su nombre oficial completo es *Villayerno Morquillas* porque reúne en un solo término lo que antes eran dos pueblos: Villayerno y Morquillas, localidad llamada así por el río Morquillas que lo atraviesa.

¿Sale *Villayerno* del nombre de una casa en que el hijo político gobernaba demasiado? Parece que no, pero sigue siendo curiosa la procedencia de este nombre: se ha defendido que el étimo de *Villayerno* es Villa infierno. Otra etimología hace provenir el nombre *Villayerno* de Villa Libierno, de *Libierno*, nombre propio masculino que podría ser el de uno de los repobladores que fundaron el pueblo en torno al siglo x o tal vez de Villa hibernu. La primera idea, Villa infierno, no solo es la propuesta más divertida (la palabra *infierno* de origen termina en ese pueblo siendo *yerno*) sino la preferida por los investigadores que se han acercado al asunto.

¿Qué ha pasado con esa *f* de *infierno*? La F en latín aparecía sobre todo en posición inicial de palabra, más que dentro de ella. Sabemos que en castellano esa *f-* inicial se aspiró y por eso se empezó a pronunciar FUMUS como *humo* (pero no como hoy sino sonando la *h*); luego esa aspiración se perdió aunque se conserve aún en los pueblos de Andalucía occidental que dicen *hambre, humo, hierro* (de FAMINE, FUMUS, FERRUM) haciendo sonar la *h*.

No tenemos muchos datos para conocer qué se hacía con esas pocas efes que aparecían dentro de las palabras, las efes interiores. Alguna se aspiró como en DEFENSA> *dehesa*; otras pasaron a ser una consonante labial (es decir, se pasó de una consonante sorda a una sonora), como en CONFINIA> *Cobeña*, nombre de un pueblo de Madrid. Para esta posible «Villa Infierno», hay escritos antiguos que hablan de *Villalifierno* (ahí vemos que se ha perdido la *n*, aunque el peso de oír *infierno* en misa hizo que *ifierno* fuera una forma poco común) y otros que escriben *Villalihierno* con aspiración, de donde pudo salir este *Villayerno*.

Investigar sobre etimología nos obliga a investigar sobre los sonidos, son disciplinas tan emparentadas como los yernos, las suegras y los infiernos.

Las estructuras

Los sonidos hacen palabras
y las palabras se juntan en estructuras:
una mirada a la forma en que se relacionan
las palabras, con quiénes se hermanan,
con quiénes no se juntan y cómo
la Gramática estudia esas conexiones

Raffaella Carrà te lo explica

Señor lector:
   Pretendo explicarle que *cuyo* es un relativo posesivo de uso histórico en el español. Y luego, me gustaría aclararle su origen: el latín CUIUS. Para terminar, le contaré por qué en lo hablado *cuyo* ha sido históricamente en español un elemento poco usado, ya que cuenta con competidores que lo reemplazan. Pero ha llegado la cantante italiana Raffaella Carrà, con su pelo amarillo, su sonrisa topoderosa y el brillo que desprende la malla ajustada, el vestido de lamé o las lentejuelas en que venga envuelta y las explicaciones sobran de repente.
   ¿Conocerá el lector la pieza musical *Una mujer en el armario* de Raffaella Carrà? Ahí va la letra, ponga el lector la música de fondo:

> *Tengo una amiga, tengo una amiga*
> **que su marido** *se queda mucho en casa*
> *el pobrecito está malito no tiene fuerzas,*
> *por eso no trabaja...*
> *y así mi amiga cada mañana*
> *madruga mucho y se marcha a la oficina*
> *pero una tarde que se encuentra mal*
> *regresa pronto para descansar.*
> *Y se encuentra una mujer (qué dolor, qué dolor)*
> *dentro de un armario (qué dolor, qué dolor)*
> *y el caradura le dice*

que le deje que explique
que sintió mucho frío
y que ha llamado al doctor,
y que después de mirarle
le extendió su receta
y le dejó a la enfermera
que le dé calor.

Volvamos al segundo verso de este hermoso romance narrativo. Raffaella no ha dicho *tengo una amiga cuyo marido se queda mucho en casa* sino *tengo una amiga que su marido se queda mucho en casa*. Raffaella guarda a *cuyo* en el armario y saca a las dos partes de que está hecho:

- un relativo (el típico en español es *que*),
- y un posesivo de tercera persona (*su*).

El resultado es una construcción que es más transparente en su morfología que el *cuyo* original. Si *cuyo* es gramaticalmente un «relativo posesivo», *que su* es más claramente la suma de *que* relativo y el posesivo del español.

Este giro está mal visto en la lengua escrita actual (hay algunos gramáticos que lo condenan, llamándolo con un nombre un poco feo, «quesuismo»), pero es histórico en nuestra lengua. En el *Poema de Mio Cid*, ya está la sustitución de *cuyo* por *que su*: «Maravilla es del Çid *que su* ondra creçe tanto» (v. 1812), y eso, estoy seguro, pesa sobre la Carrà, que por alguna razón (sospechosa, mmmm...) no confiesa que se inspira en el Cid.

A estas alturas del texto, querido lector, no sé si Raffaella Carrà puede haberle dado mejor explicación sobre este dato de la estructura de los relativos que yo misma, *en cuyo caso*, seré yo la que opte por meterme, con *cuyo*, escondida dentro del armario de la historia de la lengua.

Diez cosas sobre mí

Querido lector:

Te voy a contar diez cosas sobre mí, para que vayas conociéndome más como autora:

1. *Mí* es un pronombre, esto es, hace las funciones de un nombre en la frase. Si pongo *mí* estoy sustituyendo a algo. Si me mandas un jamón a casa diré ¿*esto es para mí?*, o sea, ¿*esto es para Lola?* *Mí* me sustituye, pero el jamón lo comeré yo y no el pronombre.
2. *Mí* es una palabra monosílaba, eso quiere decir que solo tiene una sílaba. Las palabras monosílabas en español no se acentúan, pero *mí* sí, porque tiene una tilde distinguidora (también llamada diacrítica): no es lo mismo decir *este jamón de pata negra es para* mí que mi *dieta me impide comer jamón*. El posesivo *mi* no lleva tilde, el *mí* pronombre lleva tilde (qué casualidad, igual que *jamón*).
3. *Mí* tiene un solo sonido consonántico: lo que escribimos con la letra *m*. Se llama sonido *nasal bilabial*, porque el sonido sale a través de la nariz y se usan los labios.
4. *Mí* tiene un solo sonido vocálico, la *i*, que es una vocal *palatal*. Si pruebas a pronunciarla verás que lo haces adelantando la lengua hacia los dientes y acercándola al paladar duro. De *paladar* viene *palatal*.
5. *Mí* proviene del latín MIHI y *ti* (que no lleva tilde nunca) proviene de TIBI. TIBI debería haber resultado en español *tibe*, pero dio *ti* por influencia de *mí*.

6. La forma latina MIHI sonaba /mii/, porque la *h* en latín no se pronunciaba en general. Esas dos íes sufrieron la contracción en *mí*.
7. *Mí* puede usarse detrás de una preposición, por eso decimos que es *término* de preposición: *para mí, hacia mí*.
8. Pero, en cambio, no se admite en español *con mí* (aunque *con* sea preposición) porque para eso usamos *conmigo*. En zonas aragonesas sí se emplea esa combinación.
9. En la divertida palabra *tiquismiquis* está el MIHI latino con una *h* pronunciada macarrónicamente en latín escolástico como *miki*. De *tibi, mihi* 'para ti, para mí', forma que expresaba las minucias dentro de una discusión en que se da la razón al otro y a uno mismo, salió ese *tiquismiquis*.
10. Aunque en la película *Sonrisas y lágrimas* Julie Andrews cantase *mi denota posesión* al hablar de las notas musicales, la tercera nota musical no está relacionada con el pronombre *mí* sino con el verso *Mira gestorum*. En el siglo XI Guido d'Arezzo utilizó las letras iniciales del himno religioso *Ut queant laxis* para crear los nombres de las notas musicales.

Mira gestorum
Famuli tuorum
Solve polluti
Labii reatum

11. La letra del griego equivalente a la *eme* española se llama *mí* (también se la ha llamado *mu* o *my*) y se escribe así: μ en minúscula y M en mayúscula.
12. Y *mi* es el código postal del estado norteamericano de Michigan, lugar en el que nació la cantante Madonna, que cantaba en español una canción llamada *La isla bonita* donde decía una cosa muy rara: «*It's time for "siésta"*».

Al final han sido doce cosas y no diez. Me pasa cuando hablo de mí, será que me desborda la egolatría.

Jon Kortajarena no es muy guapo

Mi querido lector, busque un momento una foto de Jon Kortajarena, ciudadano nacido en Bilbao en 1985. Pienso que este hombre, de profesión modelo, no es muy guapo: ¡ES GUAPÍSIMO! Y es que hay una diferencia: en una escala, *ser guapísimo* es más que ser *muy guapo*. También históricamente eran elementos distintos. La terminación -ISSIMUS y la palabra MULTU (de donde vienen *mucho* y *muy*) servían en latín para la formación de superlativos, es decir, se usaban para tomar un adjetivo (*guapo*) e intensificar su significado dentro de una escala de grados, donde se pueden subir puestos en comparación con los otros (*más guapo*, *menos guapo*, *el más guapo de todos*) o crecer en significado (*muy guapo*, *guapísimo*). Esta es una forma de representar esa escala de intensificación:

<pre>
  el más guapo de todos   ↑   guapísimo
       más guapo que | muy guapo
                GUAPO
     menos guapo que   ↓   nada guapo
</pre>

La intensificación con MULTU (*muy*) tuvo mucha extensión en el latín tardío, cuando se prefería añadir una palabra al adjetivo (lo que llamamos «proceso analítico», o sea, usar dos palabras distintas para intensificar: *muy guapo*) y se usaba menos lo de añadir un sufijo (o sea, gustaban menos los «procesos sintéticos» en los que se intensificaba dentro de la misma palabra: *guapísimo*).

De hecho, en castellano antiguo, antes del siglo xv, apenas contamos con ejemplos de *–ísimo*. Tras el empleo que se hizo en latín y debido al desuso de issimus en el latín hablado, en castellano *–ísimo* se usaba... poquísimo, mucho menos que el francés actual, que solo dice *–issime* en algunos adjetivos (*rarissime, richissime*). En el castellano medieval, se consideraba muy culta esa terminación (algo así como nuestro *–érrimo* actual), pero al final de la Edad Media, en el siglo xv y por recuerdo y admiración hacia los textos latinos clásicos, se puso de moda, se reintrodujo en el castellano y poco a poco se ganó sitio en la escala de intensificación.

Los mecanismos de graduación son muy variables en la historia y en los hablantes, pertenecen a esa área de la lengua que está continuamente en creatividad y movimiento. El lector ha escuchado formas como:

> requeteguapo, reguapo, superguapo, megaguapo, guapo-guapo, guapo a rabiar, guapo no: lo siguiente...

y yo las aplicaré a Jon Kortajarena, personaje muy relevante, como se ve, para mis historias sobre el español.

Crisis, no: ¡clisis!

Ya sé que todos están hartos de oír hablar de la crisis, pero no me voy a referir a eso aquí. Una cosa es la crisis y otra la clisis. Lo que llamamos clisis no es el nombre de la situación económica actual pronunciada por un hablante de chino.

(Chiste malo, lo sé)

Clisis es un término que se usa en gramática para aludir a la posición que adoptan palabras como los pronombres átonos que no tienen apenas fuerza acentual. Formas como *yo, mí, conmigo...* son pronombres tónicos, mientras que *me, nos, os, se, lo, la, le...* son pronombres átonos. Y esos pronombres átonos tienen una posición variable en español:

- Pueden anteponerse al verbo; esto es lo más común: *me lo das*; *no te lo doy*.
- O pueden posponerse al verbo. Esto es menos frecuente, y solo pasa en español con los imperativos: *dámelo*. Con los infinitivos y gerundios hay tanto anteposición: *lo quiero ver* como posposición *quiero verlo*; o, en otro ejemplo: *te lo estoy pidiendo* o *estoy pidiéndotelo*.

La anteposición la llamamos *proclisis* (pronombre proclítico) y la posposición la conocemos como *enclisis* (pronombre enclítico). Hasta el siglo XVIII se posponían los pronombres al verbo mucho más que hoy. Nuestros antepasados medievales no abrían frase nunca con un pronombre átono y por eso evitaban decir *lo busco* o *te persigo* y preferían *búscolo* o *persígote*. Ahora nos suena muy antigua esa colocación enclítica, como de cómic del Capitán Trueno, pero *acabose, comiolo* o *díjome* eran regla en la Edad Media y gran parte de los Siglos de Oro. Si el verbo estaba en posición no inicial, no había mayor problema en colocar el pronombre delante: *Yo lo busco, Yo te persigo* o *Él me dijo* eran también frecuentes, hasta que sobre todo desde el siglo XVI empezaron a aparecer cosas como *Lo busco* o *Me dijo* con el pronombre en primera posición.

La historia de la lengua nos muestra que lo que está al final puede muy bien también anteponerse, cambiar de puesto y dejar de estar último para ser primero. Que ni las proclisis ni las enclisis, ni la crisis ni la clisis son eternas. El lector debe recordar que nada, ni en la lengua ni en la vida, es inamovible, porque, como los pronombres en la lengua, en la vida todo se mueve.

AA AO OO

Palabras con identidad transgénero

La celebración del Día del Orgullo Gay reivindica la igualdad de derechos para las personas lesbianas, gais, bisexuales y transexuales, todas ellas recogidas en la sigla LGTB. La T de esa sigla, referente a la transexualidad y a lo transgenérico, bien podría aplicarse, con una mirada un poco amplia, a la historia de la lengua.

El género es fundamentalmente algo gramatical (una ventana es de género femenino) y el sexo una cuestión de identidad (una ventana carece de sexo, pero es de género femenino). Las palabras del español que cabrían dentro de la T de transgénero de esa sigla LGTB serían todas aquellas que han cambiado de masculino a femenino o de femenino a masculino a lo largo de la historia. El español nos proporciona muestras de todo tipo de trasvases, ampliaciones y cambios de esta clase. De hecho, en esto del género vemos que en las palabras casi nada es para siempre y que en ellas, como en las personas, lo del género es más una opción que una obligación de naturaleza o nacimiento (lo que, para el caso de la lengua, viene a ser la etimología).

Hoy separamos *el calor*, más benigno que *la calor*, pero otros cambios de género se dan sin que cambie el significado. Nuestros antepasados (y aún hoy algunos viejos del lugar) dijeron *la dolor, la sabor, la humor, la honor* y *la sudor* y tanto temían *de la serpiente* como *del serpiente*.

Palabra con cambio de género fue *valle*. Fue femenina en latín y lo sigue siendo en catalán. Sin embargo, en el castellano, *valle* ha protagonizado un curioso cambio de género hacia el masculino. Si en catalán está la *Vall d'Aran*, en castellano se dice *el valle de Arán*. Cabe preguntarse: ¿por qué una palabra cambia de género? A diferencia de lo que ocurre en la sociedad, aquí no son, obviamente, las propias palabras las que deciden cambiar, sino los usuarios del idioma, los hablantes, los que reorientan el género original de la etimología, normalmente por influencia de otras palabras con las que se convive dentro de un mismo grupo. Si valle es complementario del masculino *monte* (del latín MONS-MONTIS, masculino), ¿pudo ser el monte el que se llevó al valle a su grupo? No es descabellado. No obstante, antes de cambiar de género, *la valle* dejó su rastro en español. Lo vemos poderosamente en todas esas localidades españolas llamadas *Valbuena*: formas de *valle buena* con eliminación de la terminación de *valle* por la apócope que se da en palabras de mucho uso. Hay *Valbuena* en Asturias y Salamanca, está *Valbuena de Duero* en Valladolid, *Valbuena de Pisuerga* en Palencia... Existen también pueblos y personas llamados *Valbueno* (Guadalajara, León), pero curiosamente son menos que los *Valbuena* primitivos.

Sean hombres o mujeres, tengan sexo o no, los fantasmas han sido de género bastante fantasmagórico en español. Hoy los hacemos masculinos (decimos que hay *un fantasma* en un castillo), pero, como la palabra acaba en –*a*, en la lengua antigua los hablantes la interpretaron como femenina para decir *la fantasma*. Por la misma razón, hay quien se queja de *la reúma* a su médica, que llamará *el reúma* a este padecimiento. *Profesora, tengo una problema*, nos dicen muchos de los estudiantes extranjeros que aprenden español. *Problema, cisma, reúma...* son neutros griegos que se hicieron masculinos pero, como acababan en –*a*, los hablantes del español a veces reorientaron algunas de estas palabras hacia el femenino.

Más raro es el recorrido de *puente*, palabra cuya identidad genérica ha sido muy trans-. Masculino en latín (PONS-PONTIS, desde aquí saludo a todos los Pons del mundo), femenino en castellano antiguo y de nuevo masculino en español moderno. El castellano medieval, como el portugués y algunos dialectos italianos y suizos, pasó la palabra al femenino, *la puente*. El masculino original en español empezó a recobrarse en el siglo XVII, en una transición de identidad masculina hacia femenina y de femenina en masculina muy camaleónica. *Ponte* sigue siendo femenino en gallego y portugués, como se ve en Pontevedra (PONTE VETERA, 'puente vieja').

Cambios de este tipo muestran cómo los hablantes somos bastante flexibles para modificar la herencia lingüística recibida. No es cuestión de antojo sino de la capacidad para el cambio que tiene una lengua viva. Y eso es para sentirse de lo más orgulloso.

A mí no me lo digas

No me digas a mí que no sabes qué es eso de la reduplicación. Poner las cosas dos veces. Poner las cosas dos veces. (Eso es reduplicar)

Si digo *le estoy hablando a usted*, el pronombre *le*, de tercera persona y la estructura *a usted* (con preposición *a* y otro pronombre) están señalando a la misma persona (a usted, el lector). Estoy, pues, nombrándolo dos veces en la oración. Lo mismo hago si, con entonación muy sorprendida, digo ¡*a mí no me lo digas*! En este caso me hago presente yo, por partida doble, con *a mí* (estructura preposicional) y con *me*. Hemos puesto dos ejemplos con pronombres pero también pueden aparecer un pronombre y un sustantivo, por ejemplo si digo *La conversación la tuve el sábado*; aquí estoy repitiendo a *la conversación* mediante el pronombre *la*.

Hay ejemplos de reduplicación muy antiguos en el idioma. En el *Poema de Mio Cid* se lee:

> *La calçada de Quinea yvala traspassar.*
> *Al Çid la manol' va besar.*

En la primera frase está la calzada de Quinea (en Aragón) dos veces, una mediante el propio nombre de *la calçada* y otra con el pronombre *la*. En la segunda tenemos *al Cid*, a quien alguien *la mano le va a besar*: aunque esté escondido, apocopado, tenemos al pronombre *le* repitiendo al Cid.

Este fenómeno se da, pues, desde español antiguo y tiene en su origen un carácter enfático: la aparición de pronombre solo (*le va a besar*) no indica nada especial, pero la aparición de sintagma con *a (al Cid le va a besar)* era una estructura generalmente marcada. Igual que hoy no es lo mismo decir *Yo la veo* que *Yo la veo a ella* (=y no a otra), en la Edad Media una frase como *Me ha mirado a mí* subrayaba mucho más a quién se estaba mirando que las respectivas frases *Me ha mirado* o *Ha mirado a mí*. Esta segunda opción hoy no es posible pero sí lo era en el castellano medieval.

Un cambio lingüístico muy frecuente es que algo que nace con idea enfática, algo que «añade» significado, se termina usando tanto que se gasta, se deja percibir como adicional y se hace obligatorio. Muchas veces hablamos de la *economía* del lenguaje, y es cierto que tal propiedad existe, pero también existe un gusto, una tendencia, a dejarlo todo bien claro, muy explícito. Es otra propiedad justamente contrapuesta a la anterior, una especie de *más vale que sobre y que no falte*. De la lucha de ambas propiedades surgen los cambios lingüísticos.

A *mí* no *me* lo puedes negar.

¡Eso ya no se llama así!

Al recordar las clases de Lengua de Primaria, Secundaria y Bachillerato, nos vienen a la mente esas horas dedicadas a aprender Gramática. *Sujeto, complemento directo, voz pasiva, conjugación...* eran términos que se nos terminaron haciendo familiares. Cuando repetíamos la cantinela de los tiempos verbales, escuchábamos formas que jamás habíamos oído ni leído (ese olor a muerto del futuro de subjuntivo: *quien cantare, el que tuviere...*), otras que nos sonaban muy lejanas (por ejemplo, el aire incierto del pretérito anterior, *cuando hubo llegado*), y otras que usábamos constantemente.

La tradición gramatical latina es fundadora de la romance. Parece lógico: cuando el gramático sevillano Elio Antonio de Nebrija escribió su *Gramática castellana* (1492) traspasó mucha de la terminología de las gramáticas del latín y otra la tradujo muy bien adaptada; por ejemplo, lo que nosotros llamamos *futuro* él lo llamó *venidero*, un término precioso. A partir de él se sigue con esa inercia, de modo que en general la terminología gramatical del español es una copia del latín, hispanizada con mayor o menor éxito por autores posteriores.

Hubo, no obstante, aportaciones novedosas. Y cada vez fueron más conforme avanzaba el tiempo y crecía la reflexión gramatical independiente sobre el español. Así, una contribución muy interesante, pero con poco alcance escolar, fue la que en el siglo XIX hizo el gramático venezolano Andrés Bello (1781-1865), que propuso nuevos nombres para los tiempos; llamó:

- *antepresente* al que ahora es perfecto compuesto (he cantado);
- *copretérito* al imperfecto (cantaba);
- *antecopretérito* al pluscuamperfecto (había cantado);
- *pospretérito* al condicional (cantaría)...

Si el lector tiene la edad suficiente, habrá descubierto algún cambio en la terminología lingüística que aprendió y en la que se aprende hoy. Por ejemplo, muchos estudiamos que *canté* era *pretérito indefinido*, y después nos reprogramaron para llamarlo *pretérito perfecto simple*. Otros aprendieron qué era el *complemento directo* pero sus hijos lo llaman *objeto directo*. Muchos de esos cambios están motivados por la renovación de nuestra forma de entender la sintaxis, pero los profesores de Lengua debemos preguntarnos cuál es la cota de conocimiento gramatical que verdaderamente necesita un estudiante.

Ahora las escuelas se fijan más en que los alumnos sepan escribir y hablar y no tanto en que desarrollen conocimientos sobre la lengua. Estudiar Gramática para terminar odiando la asignatura de Lengua es de lo más imperfecto, de lo más imperativo y de lo más (absurdamente) singular y poco útil para la generación venidera.

```
╔═══════════╗
║  CALLE    ║
║   ÐLA     ║
║   PERLA   ║
╚═══════════╝
```

Una perla lingüística

Las calles pueden ser pizarras al aire. Una va andando por una calle cualquiera y se encuentra un ejemplo de cómo se pierden los casos latinos y cómo se reemplazan en español. La calle Perla está en el barrio de la Alfalfa, en el centro de Sevilla. Es un callejón estrecho que tiene dos placas de identificación, una más nueva que la otra; la primera pone:

CALLE D LA PERLA

y la segunda reza:

PERLA

En estas dos imágenes se observa la variación existente en español en las dos formas de denominar a una calle. Podemos identificarla adjuntando a *calle* directamente el nombre propio: *calle Perla, calle Gravina* (esto es lo que se llama en gramática una aposición) o podemos intermediar un *de* entre ambos: *calle de la Perla, calle de la Sierpes*. Este segundo procedimiento es el menos común. Hoy es más frecuente la forma sin preposición, pero todavía se pueden oír *calle de Velázquez* o *calle de la Feria*, estructuras donde la *de* perdida se puede explicar también por el desgaste fonético de la preposición.

Lo mismo ocurre con algunos nombres de accidentes geográficos (¿*cabo de San Vicente* o *cabo San Vicente*?) y antes se daba también con nombres de ríos. En el precioso *Libro de Alexandre*, del siglo XIII, se narra en verso el particular *mapa mundi* del héroe Alejandro:

> *Qué mejores querades que Burgos e Panplona,*
> *Sevilla e Toledo, Soria, León, Lisbona;*
> *por Gascoña corrié **el río de Garona**,*
> *en essa yaz Burdeos, vezina de Bayona.*

Esta situación se explica por el propio pasado latino. En latín se usaba más en ese contexto denominativo la aposición (por ejemplo, el río Garona como GARUMNA FLUMEN) que el caso genitivo (GARUMNAE FLUMEN). En español la construcción con aposición se mantiene, y, perdidos los casos, el genitivo es reemplazado por una forma con *de*.

Esto es solo una muestra de una perla lingüística que nos podemos encontrar en la calle, y que enseña un hilo del que tirar para llegar al castellano medieval y a los propios casos latinos. El lector sabe que en cualquier ciudad están sumados, como en estratos, los restos de la escritura de otro tiempo junto con los carteles, grafitis y rótulos que han puesto esa misma mañana cualquiera de los usuarios del espacio urbano. Para enseñar, siempre es mejor recurrir al ejemplo próximo que al lejano; para aprender, a veces solo basta con pasearse, mirar y preguntar.

42н

24 horas en la vida de un imperfecto

Como cada mañana, el imperfecto se despierta pensando que es incapaz de hacer nada solo. Sale de la cama y dice: *Mientras dormías, soñaste cosas*. Su pareja contesta: *Me gusta cómo me das el trasfondo para que sueñe*. El imperfecto de indicativo lo tiene asumido: es capaz de pintar un escenario (***estaba*** oscuro), de hablar del tiempo (***llovía***), pero no puede expresar lo que alguien hizo cuando esas cosas pasaban. Para eso el pretérito perfecto es fulminante, rapidísimo, tajante como la perfección. *Soñaba*, *creía* y *vivía* son, cosas de la vida, acciones imperfectas.

A media mañana en clase, el imperfecto es un contenido que enseñar en la asignatura de Historia de la Lengua: se explica que la terminación latina (-BAM) se partió en dos en español (*aba* para 1.ª conjugación / *ía* para 2.ª y 3.ª conjugación). Pero en otra clase, la de una guardería, un niño dice *me creíba* e iguala las terminaciones, tumba a la etimología y hace vencedoras a la similitud y a la analogía. Alguien lo corrige y desbarata a ese nuevo imperfecto del español; no pasa nada: dentro de poco, otro niño volverá a crearlo.

Tras la comida, un imperfecto de cortesía (*yo **quería** un café*) deja lugar y tiempo para la evocación. En la serenidad de la sobremesa alguien recuerda para sí un romance mientras saborea un café (*Yo me **era** mora moraima / morilla de un bel catar...*). Recuerda la frase de Antonio Machado: «Del imperfecto brotó el romance en Castilla» y desde casa se le va el pensamiento a Toledo donde alguien dice *veniemos* por *veníamos*, con el *ie* que era normal para imperfecto en la Edad Media castellana; escondida dialectalmente hay viva mucha lengua antigua.

Por la tarde y tras la merienda, el imperfecto se alborota, es el de los juegos, el de un niño que juega a la simulación en el patio y dice a su amigo: *Yo era un ladrón y tú me perseguías, y luego yo me escondía* en un bosque, ¿vale? Y el otro contesta, entendiendo a la perfección la imperfección verbal: *Vale, y después yo te encontraba y te convertía en ratón.*

Por la noche aparece el imperfecto de la cena, en el que contar las mil cosas de un día normal, de nuevo el imperfecto del escenario secundario: *Me estaba leyendo el libro 24 horas en la vida de una mujer de Stefan Zweig, cuando pensé que debía explicarle a mi querido lector las perfectas veinticuatro horas del tiempo más imperfecto.*

Si tú me dices *ven*

Si tú me dices *ven*, estás diciendo un monosílabo.
Si tú me dices *ven*, estás pronunciando la herencia del latín VENI.
Si tú me dices *ven*, estás conjugando un imperativo, el de la forma *tú*.
Si tú me dices *ven*, estás mostrando que la I final de VENI (que era una vocal cerrada) ha impedido la diptongación de la E, y por eso no decimos *vien*.
Si tú me dices *ven*, estás haciendo una consonante /b/ oclusiva porque la labial está abriendo el discurso.
Pero si dices *ahora ven* ya dejas a la labial entre vocales y haces sonar una /b/ más suave, que llamamos fricativa.
Si tú me dices *ven*, estás usando un imperativo acabado en consonante, algo que solo se da en los verbos de mayor frecuencia en español (*sal, pon, ten*).
Si tú me dices *ven*, yo pienso en otros derivados de VENIRE, como *aventura, desventura, inventar* o *convenir*.
Si tú me dices *ven*, yo digo *voy*, del verbo *ir*, pero no puedo decir ¡*vengo!*, de *venir*, como ocurre en cambio en otras lenguas.
Si tú me dices *ven*, estás haciendo mucha Historia de la Lengua. Y claro, entonces yo lo dejo todo.

El maestro Yoda
en la historia del español

Esto que voy a decir ahora es la única cosa que he escrito en este libro que no entiendo:

El maestro Yoda es un jedi de la República Galáctica que sobrevivió a la Guerra Galáctica y que se escondió de Darth Vader en las ciénagas de Dagobah.

Reconozco que al ver alguna de las películas de la saga *La guerra de las galaxias*, lo único que concluí con toda claridad del personaje de Yoda es que empleaba un orden de palabras particular.

En efecto, uno de los rasgos lingüísticos más señeros y conocidos de este héroe es su tendencia a colocar el verbo conjugado al final de la frase. Estas son algunas frases del longevo y reflexivo maestro jedi:

«¿Tú crees que Yoda deja de enseñar,
solo porque su estudiante *no quiere escuchar*?
Un maestro Yoda *es*.
«Yoda enseña como los borrachos *beben*, como los asesinos *matan*.»
«¡No, si algo que decir al respecto yo *tengo*!»
«Al fin su reinado *llegó*, y no lo bastante corto *ha sido*.»

Entre las posibilidades de orden de palabras en español, está la colocación del verbo al final de la frase, una posición que puede aparecer espontáneamente (*solo nos queda esperar a que vengan*), pero que no es la más común, como podemos ver si es el verbo principal el que se coloca al final (*solo esperar a que buenamente vengan nos **queda**...* suena raro, ¿verdad?).

En la literatura del siglo XV, especialmente en la primera mitad de siglo y en los textos que pertenecen a una corriente letrada, latinizante, esa colocación es bastante habitual: *Manifiesta cosa es* dice el Marqués de Santillana en esa centuria.

Así parecía quererse imitar el orden de palabras tan común en la literatura latina, que colocaba el verbo al final (es el llamado orden SOV, sujeto-objeto-verbo). Luego Juan de Valdés, en su *Diálogo de la lengua* (1535) dejó claro que en el siglo XVI ya no gustaba tanto ese orden de palabras. Decía Valdés:

> no pongáis el verbo al fin de la cláusula quando él de suyo no se cae, como hazen los que quieren imitar a los que scriven mal latín [...] os devéis guardar siempre de hablar, como algunos, desta manera: «siempre te bien quise, y nunca te bien hize», porque es muy mejor dezir «siempre te quise bien y nunca te hize bien».

Algunos seguidores de la saga de las Galaxias sostienen que el habla de Yoda se compuso inspirada a partir del latín, de forma que Juan de Mena, el Marqués de Santillana y otros escritores castellanos del siglo XV se inspiraron en la misma fuente que George Lucas y su galaxia ficticia. Y Valdés sería el Darth Vader malo que al maestro Yoda ataca. Voy por mi espada láser.

---
fumá, comé y tomá afuera
---
apagá el celular
---
no ensucies, **cuidá** las butacas

Por vos muero

Este rótulo no va a aparecer en un cine español, pero sí en un cine argentino. *Fumá afuera, apagá el celular, cuidá las butacas*... No aparece escrito *vos*, pero se está tratando al espectador de *vos*. Siglos atrás, el poeta toledano Garcilaso de la Vega también usaba este tratamiento y escribía al final de uno de sus más bellos sonetos:

> *Yo no nací sino para quereros;*
> *mi alma os ha cortado a su medida;*
> *por hábito del alma misma os quiero.*
>
> *Cuanto tengo confieso yo deberos;*
> *por vos nací, por vos tengo la vida,*
> *por vos he de morir, y por vos muero.*

¿Qué hay de común en la historia de ese *vos* del cine y del *vos* poético de Garcilaso?

En latín no existía un pronombre específico de tratamiento cortés, pero el castellano, desde sus orígenes, sí lo tuvo, y fue *vos*. *Vos* era la forma que se utilizaba para dirigirse a superiores jerárquica o socialmente. En la Edad Media tratan de *vos* los hijos a sus padres, así se dirige la gente al clero y, por supuesto, cualquiera que hable a su señor o su amo. La dama a la que se dirige Garcilaso a principios del siglo XVI es tratada de *vos*, como muestra de máximo respeto.

Pero el propio siglo XV revela también una proliferación de uso de *vos* tan acusada que parecía presagiarse su catástrofe una centuria después. En efecto, en el siglo XVI ya empezamos a encontrar muchos ejemplos de *vos* usados para el trato entre iguales, y, paulatinamente, el pronombre perdió carácter reverencial hasta convertirse en una marca de trato familiar o incluso de desprecio. ¡Hay quien se ofende en el siglo XVI porque es tratado de *vos*! Solo en las zonas de América menos dominadas por los dictados lingüísticos de la metrópoli colonial (por ejemplo, la zona del Río de la Plata) no llegó esa nueva moda y se conservó el pronombre *vos*, con un valor de familiaridad equivalente a *tú* y asociado a unas formas verbales particulares, con imperativos que acentúan la vocal final y eliden -d.

El *vos* de respeto en el castellano peninsular terminó siendo reemplazado por *vuestra merced* (y su herencia, *usted*) a lo largo de los Siglos de Oro. Pero no solo han cambiado las formas, también lo ha hecho nuestro uso de las formas de cortesía. El lector tutea a sus padres pero tal vez sus padres trataban de usted todavía a los abuelos. El lector es apelado de *tú* en las tiendas y, si es estudiante, tal vez tutee al profesor. Nada de ello parecía posible hace treinta años. Yo por vos muero, querido lector.

Por eso lo trato de *usted*.

Te diré lo que vamos a hacer

Cuando nos ponemos en plan mandón y le decimos a alguien *Te diré lo que vamos a hacer* estamos planificando su futuro inmediato. Y lo estamos anunciando en una frase que tiene dos futuros. Uno es el futuro *diré*, que técnicamente llamamos *futuro simple de indicativo*. Y otro es el futuro que se expresa con *ir a* + infinitivo, lo que técnicamente llamamos una perífrasis, porque es un conjunto de palabras que funciona como si fuera un verbo solo. *Vamos a hacer, voy a comer, van a salir* son, pues, futuros perifrásticos.

Lo llamativo es que ninguna de esas dos formas de futuro ha salido de los futuros latinos. Estos eran los futuros en latín, según sus conjugaciones:

- AMABO-BIS,
- DOCEBO-BIS,
- PONAM-PONES,
- CAPIAM-CAPIES,
- SENTIAM-SENTIES.

Ninguno de ellos dejó herencia en las lenguas romances. Ni en español ni en ninguna otra. Se ha mantenido el tiempo futuro como categoría, pero lo hemos reemplazado por una forma completamente nueva.

Ello ha ocurrido porque en latín vulgar esos futuros latinos se vieron desplazados por diversas perífrasis como FACERE DEBEO,

FACERE VOLO, FACTURUS SUM y FACERE HABEO. De una de esas perífrasis, AMARE (o cualquier otro infinitivo) + HABEO, o sea, *haber* con infinitivo, viene nuestro futuro simple. *Comer he* es algo así como 'he de comer', estas perífrasis empezaron significando algo parecido a una obligación, pero terminaron siendo meramente futuros: *comer+he> comeré; ir+he> iré*.

El ciclo sigue. Los futuros latinos pasaron de tiempos simples (AMABO, AMABIS...) a ser sustituidos por una perífrasis (AMARE HABEO), que a su vez pasó a *amaré*. Pero ese futuro hoy compite con otra nueva perífrasis (*ir a* + infinitivo) que se fue imponiendo en español desde el siglo XVIII y que está más generalizada en el español americano que en el europeo. ¿Hay alguna diferencia entre *lloverá* y *va a llover*? Parece que sí, que el primero expresa menor confianza en que eso ocurra; en cambio, en el segundo caso, el hablante tiene más clara la predicción y cree con firmeza que habrá de sacar el paraguas.

Parece, pues, que los futuros en la lengua se van gastando, como se van gastando los zapatos, y que tendemos a generar nuevas formas de futuro compuestas de varias palabras que luego, continuando un ciclo, terminan soldándose hasta parecer una sola palabra. Cuando eso ocurre, sacamos otro grupo perifrástico nuevo para expresar el futuro. Curioso, ¿verdad? Pensamos que es el pasado lo que nos hace ir más pesados al andar y resulta que es el futuro, o la expresión lingüística constante de ese anhelo, lo que más nos consume lingüísticamente.

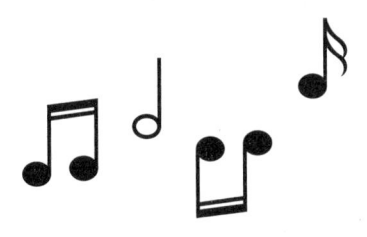

Vecina, señora vecina

La cantante folclórica Marifé de Triana (1936-2013) cantaba esta copla tan feminista:

> *Vecina, señora vecina*
> ***su niño de usted**, me mira al pasar*
> *vecina, señora vecina*
> ***su niño de usted**, me empieza a gustar.*
> *El pelo como la tinta,*
> *los ojos de cordobán*
> *pero dicen que es un pinta*
> *que sabe mas que griján.*
> *Lo que le hace falta es una mujer*
> *que lave y que guise, y sepa coser*
> *¿Por qué, por qué no le dice usted*
> *que me siga y me pretenda*
> *que su niño es una prenda*
> *si lo saben entender?*
> *Vecina, récele usted*
> *a san Antonio bendito*
> *a ver si hace un milagrito*
> *y se arranca de una vez.*
> *Encienda una vela*
> *que la pago yo,*
> *señora Manuela de mi corazón.*

Marifé de Triana nos enseñaba en esta canción lo que llamamos en Gramática un posesivo duplicado. La posesión se puede marcar de dos formas:

- Con un posesivo (*mi-s, tu-s, su-s; mío, tuyo, suyo*): *Mi casa* (decía el genial E.T.); *mi tesoro* (decía el raro de Gollum en *El señor de los anillos*).
- Con la estructura <preposición *de* + poseedor>: *el zapato de él* o *la canción de Marifé*.

Pero la coplera Marifé de Triana unía ambas formas de marcar posesión al reclamarle a su vecina cosas relativas a *su hijo de usted*. Como hay dos formas que marcan posesión, lo llamamos *posesivo duplicado* o *doblado de posesivos*. ¿Lo habrá oído el lector alguna vez? El doblado de posesivos se empleaba por escrito hasta el siglo xv, siempre era más frecuente decir *su casa* o *la casa de él* que *su casa de él*, pero existía, aunque fue decayendo hasta perderse en el siglo xvi. Hoy en España (sobre todo en Andalucía) aparece este tipo de reduplicación con *su... de usted*, exactamente la misma forma que oímos a Marifé. En México, en cambio, se oye con bastante frecuencia en la lengua oral, y no solo con *usted*, sino con cualquier pronombre o nombre: *su casa de él, su hijo de Juan*.

Estas reduplicaciones de hoy parecen darse por la dificultad de establecer el poseedor cuando usamos *su*. Si digo *mi casa es tu casa* está claro que la poseedora de la casa soy yo (o el banco, claro, si la tengo hipotecada) y que cuando digo *tu casa* me refiero a la persona a la que estoy hablando. Pero si lo que digo es *su casa es como la mía*, ¿de quién es *su casa*: de ellos, de él, de ella, de usted? Esto lo podemos intentar aclarar doblando el posesivo: *su casa de él* es... indudablemente de él.

¿Cómo que no? ¡Claro que òc!

¿Sí o no? ¿Òc o non? En la papeleta del referéndum por la independencia de Cataluña que se postuló para el 1 de octubre de 2017, se usaban español y catalán (*sí / no*) pero también una tercera lengua: el aranés (*òc / non*). *Marqueu l'opció que desitgeu / Marque la opción que desee / Mercatz era opcion que desiretz* rezaba la papeleta en su parte inferior: catalán, español y aranés.

El valle de Arán está habitado por unas diez mil personas y compuesto por una treintena de pueblos. Lleno de parajes naturales y con una interesante ruta románica, sostiene su economía sobre todo a través del turismo de esquí (allí está la famosa estación de Baqueira). En una zona de cruce fronterizo (limita al norte con Francia y al suroeste con la Ribagorza aragonesa), ha conseguido preservar una variedad lingüística venida del latín, distinta del catalán y del castellano: el occitano, conocido como *aranés* en su forma local. El occitano, lengua romance con documentación desde la Edad Media, se habla fundamentalmente en Francia, al sur del río Loira, pero se introduce también en zona española e italiana. El aranés es curiosamente la única variedad del occitano declarada como oficial. Protegida por los Estatutos de Autonomía catalanes, el aranés es la segunda lengua más empleada en el Valle según los censos de usos lingüísticos publicados, después del castellano y por encima del catalán.

La papeleta trilingüe no extraña demasiado en lo que se refiere a la negación: *no* en catalán y español, *non* en aranés. La coincidencia es clara. Pero ¿de dónde ha salido ese òc? El òc de la papeleta de la autodeterminación nos permite conocer mejor cómo la Europa medieval separaba internamente el territorio francés. En efecto, desde la Edad Media se extendió la idea de que el territorio de la actual Francia era cultural y lingüísticamente separable por un eje que cruza por la zona central de este a oeste el territorio galo y que lo dividiría en dos áreas: al norte del eje estaría la *langue d'oil* (pronunciado *uí*, en francés moderno *oui*) y al sur la *langue d'oc*, el occitano. La separación se hacía, justamente, según las palabras que cada zona usaba para decir que sí. Claro que, además de la separación en las formas de decir sí, había diferencias en estilos de construcción, formas de recoger la cosecha y otros elementos culturales o lingüísticos mantenidos hasta la actualidad. Pero lo que nos interesa es la gracia de que justamente el nombre de la lengua, el occitano, venga de la forma de decir sí: òc.

Y es que si nos fijamos en cómo afirman o niegan las lenguas procedentes del latín vemos que hay un consenso general en la forma de decir que no. *Non* en francés o en el propio aranés; *nu* en rumano; *no* en italiano, español y catalán; *não* en portugués... Todas estas palabras vienen de la forma latina NON. Pero así como hay una clara hermandad en el *no*, los idiomas romances no parece que estén en absoluto *junts pel sí*, si se me permite el guiño a la candidatura coaligada catalana. Para la afirmación positiva, las lenguas romances han seguido caminos divergentes. Formas como el *sim* portugués, el *si* gallego, el *sì* italiano o el *sí* del español y catalán han salido de SIC ('así' en latín). En cambio, de HOC ('esto' en latín) salió el *òc* del occitano y de HOC ILLE surgió el *oui* del francés. El rumano, para esta expresión, se apartó del tronco latino para abrazar la expresión eslava *da*.

¿Por qué ese «separatismo lingüístico» del sí? La respuesta está, como tantas veces, en la historia de la lengua. El latín tenía una partícula absoluta para la negación (NON), pero para la afirmación no contaba con una palabra específica. Si te preguntan *¿Has estado en Ronda?* en español puedes contestar *sí* o *no*, pero también puedes contestar reforzando la respuesta con un verbo: *sí he estado*. (Más te vale decir que sí, porque Ronda es preciosa y está fatal no haberla visitado.) En latín, donde no había nada que expresase directamente que sí, la afirmación se hacía normalmente recuperando el verbo: ¿*Has viajado a Ronda? He viajado*. Si la pregunta era *dedit pecuniam*? (¿dio el dinero?) habrías de contestar *dedit* (dio) o podrías reforzar con partículas tu respuesta: *iam dedit* (ya dio el dinero) o *sic dedit* (así dio) o *hoc dedit* (esto dio). Cuando las lenguas romances se fueron conformando, se fueron abrazando a alguna de esas partículas de refuerzo como forma para crear el *sí*. Español, italiano, portugués y gallego optaron por la herencia de sic, mientras que el occitano (y por tanto, el aranés) junto con el francés optaron por la herencia de *hoc*.

Como vemos, la historia de las lenguas romances está llena también, como la historia de las sociedades, de hechos comunes y de rasgos particulares. ¿Cómo que *no* te vas a leer la siguiente historia? ¡Claro que sí! ¡Claro que òc!

No busques más, que no hay

No, no, no, no, no busques más que no hay... Qué buena onda contagia la canción *Dónde está mi Betis* que cantaba el rockero sevillano Silvio en su homenaje a este equipo de fútbol sevillano:

> No, no, no, no.
> No busques más, que no hay,
> cuando el Rey don San Fernando,
> conquistó a Sevilla,
> él se preguntó:
> ¿Dónde está mi Betis, Betis?
> No, no, no, no.
> [...]
> Cuando yo encontré en tus ojos,
> ilusión y esperanza,
> yo me dije sí,
> este sí es mi Betis, Betis, Betis, Betis, Betis, Betis...

Como podéis ver, en la primera frase de la canción se dice «Cuando el rey don San Fernando conquistó a Sevilla, él se preguntó ¿Dónde está mi Betis?». Soy capaz de imaginarme tan inverosímil escena: el rey Fernando III, tras batallar con los árabes, se hace con el control de la ciudad y llega en 1248 a Sevilla gritando caballo en galope: ¿*Dónde está mi Betis?*

Pero en cambio, me choca que Silvio diga *conquistó a Sevilla* y no *conquistó Sevilla*, como lo diría yo, sin preposición *a*. Sabemos que el acusativo latino fue reemplazado por el complemento directo en español, y que este lleva *a* normalmente si alude a algo animado. Decimos:

escucho a Silvio   pero   *escucho la radio*

Esa *a* ha ido creciendo en uso desde antiguo en nuestro idioma. Pero, ¿quién quiere un cambio lineal?, ¿nos gustan los partidos de fútbol en los que el perdedor desde el minuto cinco ya no tiene nada que hacer? El uso de *a* en español actual tiene su parte impredecible, pues también se puede observar en algunos casos un retroceso de *a*, preposición aparentemente destinada a ser triunfadora e invasiva en los objetos directos. Ello parece haber ocurrido a *a* ante países: antes se usaba, y ya prácticamente ha desaparecido. El cambio no parece muy antiguo, ya que Silvio aún dice *conquistó a Sevilla* y Menéndez Pidal escribía cosas como... «después de la invasión almorávide el Cid *conquista a Valencia*» (1924, *Poesía juglaresca y juglares*, pág. 328). He aquí una semejanza de Silvio con don Ramón Menéndez Pidal, dos figuras, en su género, unidas por la Historia de la Lengua Española y, quién sabe, tal vez por el fútbol.

Si me queréis, idos

El día que se casó Lolita, su madre se llevó un disgusto y España ganó una de sus frases más simbólicas. El *si me queréis, irse* (¿o *irsen?*) de Lola Flores es tan representativo de la cultura hispánica como la aversión a leer los libros de instrucciones antes de montar un cachivache o la tendencia irrefrenable a llevarse el kit de higiene de los hoteles. Ni un cantante de rock venido arriba sería capaz de manifestar su cansancio por la devoción pegajosa de los fanes con una frase tan acertadamente imperativa:

Si me queréis, irse es marca España, pero ¿por qué la Faraona no dijo *si me queréis, iros?* Lola Flores nos mostraba en esa frase que en una parte muy amplia de la comunidad hispanohablante no se usan ni el pronombre *vosotros* ni su asociado *os*; en suma, hay más hablantes que no dicen *iros* que hablantes que sí lo dicen. En julio de 2017 la Real Academia Española confirmó que aceptaría *iros* (aunque seguiría recomendando *idos*) como imperativo del verbo *ir*, pero ocurre que la mayoría de los hispanohablantes no se encuentra afectada por el debate sobre *iros* o *idos*. Separemos dos posibilidades:

1. En casi todo el español europeo se dice *vosotros vais* y *ustedes van* y se usan con significados distintos, el primero es familiar y el segundo, cortés. Muchos verbos pueden construirse con o sin pronombre: decimos que queremos *ir a casa* o *irnos a casa*, que me apetece *beber un vino* o *beberme un vino*, que *Rodolfo murió* o que *Rodolfo se murió*. Cuando esos verbos se ponen en imperativo y con

pronombre, se elimina la *d*: *tomad la sopa* pasa a *tomaos la sopa*, *bebed el vino* es *bebeos el vino*. Pero ¿qué pasa con *ir*? Para el verbo *ir*, el imperativo *id a la calle* se convertía en *idos*, con la *d* conservada, o pasaba a *íos*. Y ambas formas han sido poco usadas en español. Por la fácil deriva del imperativo al infinitivo, el *idos* que nadie dice pasa a un *iros*.

2. Pero en otra área (que coincide a grandes rasgos con la que practica el seseo), *vosotros* se usa poco o ni siquiera se emplea, y es *ustedes* la única forma que se utiliza, tanto para el sentido cortés como para el informal. Para los imperativos, Canarias y América dirán *tomen la sopa, beban el vino* o, con ese pronombre que decíamos antes, *tómense la sopa, bébanse el vino*. En Andalucía Occidental la cuestión es más compleja, ya que hay *ustedes* para el uso informal pero los verbos y pronombres que acompañan a ese *ustedes* pueden ser tanto los correspondientes a esta forma (¿Ustedes a qué hora se van?) como los propios de un *vosotros* que no está (¿Ustedes a qué hora se vais? ¿Ustedes a qué hora os vais?). La jerezana Lola Flores no diría *iros* (y, aún menos, *idos* e *íos*): el imperativo plural de *ir* era para ella, como para muchos andaluces, no *iros* sino *irse*.

La cuestión, como vemos, va más allá del *iros*. E incluso va más allá de la gramática, ya que, casualmente o no, en imperativo se han dicho frases míticas de la memoria reciente española: el *si me queréis, irse* de Lola Flores, el lapidario *váyase, señor González* de Aznar o el mandato de Belén Esteban *Andreíta cómete el pollo*... Sin una bandera ni un himno al que todos se abracen unánimemente, propongo como signos patrióticos españoles complementarios la letra *ñ* y el imperativo. La lengua como pegamento cohesionador.

La plaza Sintagma

Será muy probablemente una deformación profesional, pero a mí eso de escuchar en las noticias que los griegos, hartos de estar al límite económica y socialmente, se manifiestan a favor o en contra de la Unión Europea en la *Plaza Sintagma*... me llama la atención. Imagino que el lector sentiría lo mismo si, siendo contable, viviese en la *Calle Pagaré*; o si, siendo médico, aparcara su coche en la *Glorieta Penicilina*.

Hay que concretar un poco los detalles: en griego esto en realidad se pronuncia *Síntagma* y la plaza se llama, pasando el griego Πλατεία Συντάγματος a escritura latina, Platía Sindágmatos.

Claro que a la mayoría de la población eso de *sintagma* le dirá bien poco... Para los lingüistas, un *sintagma* es un grupo formado por palabras que, pudiendo funcionar solas o no, se agrupan con una especie de fin común. Es decir, que en la frase *las hormigas me han invadido la cocina*, palabras como *hormigas* y *las* se han coaligado para ser un sintagma nominal (o sea, un grupo hecho en torno a un nombre) que funciona como el sujeto de la oración. Es algo así como decir que las palabras van en hileras de hormigas pero subagrupadas internamente según la misión que desempeñen. El étimo griego explica ese significado que damos a la palabra *sintagma*: un sintagma era una coordinación, un conjunto agrupado.

En la historia del español (pero también de otras lenguas) es común que se hayan desarrollado procesos por el que varias formas libres, que funcionaban de manera independiente, se unían a veces en sintagmas que se usaban mucho, tanto, que aunque mantuvieran su capacidad de independencia, se hacía una especie de grupo sólido con esas palabras a las que se hayan unido. Es frecuente, por así decirlo, que haya formas que puedan pasearse solas por la plaza Sintagma o reunirse en una especie de sentada constante con otras palabras.

Piense el lector en su *mente*. La palabra viene del latín MENS-MENTIS y denomina al pensamiento y los procesos de tipo cognitivo que desarrolla nuestro cerebro. Esa palabra es un paseante solitario que se agrupa en sintagmas como y cuando le apetece: *Una mente maravillosa, Mentes criminales*... pero hubo cierta tendencia en latín tardío a unir mucho esa *mente* a un adjetivo (en femenino, claro) no solo para designar a un proceso psicológico (como si decimos *habrás de actuar con buena mente*) sino para aludir también a la forma en que se hacía algo. Esa clase de sintagmas se hizo tan común que *mente* es en las lenguas romances un formante de adverbios. Cuando el lector dice que este libro se lee *estupendamente*, no se refiere a que se lea con una *mente estupenda* sino *de manera estupenda* (por cierto, gracias por hacer tan espontánea afirmación). Si el lector afirma que la crisis de Grecia se ha fraguado *lentamente* alude a que ha ocurrido de forma *lenta* y no *con la cabeza lenta*.

En suma, que hay sintagmas que de tanto juntarse se hacen una sola palabra. Pasa como en la sociedad: los mayores avances e innovaciones se dan cuando los paseantes, *pacífica pero constantemente*, empiezan a unirse.

Palabras, palabras, palabras

Las que decimos y las que no decimos ya:
una singladura por las palabras españolas
que han venido de lejos de España, un vistazo a las que
hemos perdido y muchos, variados, múltiples, diversos,
numerosos ejemplos de la riqueza léxica
en la historia del español

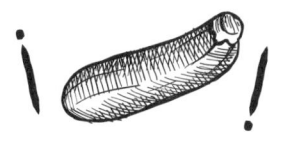

¡Y un pepino!

En verano y con tomate: ya se imagina el lector qué he estado cocinando: ¡al rico gazpacho! o ¡al rico salmorejo! Con pepino, sin pepino, al gusto de nuestros comensales. Y si sobra pepino, dos rodajitas y a la cara para que en la siesta nos hagamos nuestro particular tratamiento ecológico de contorno de ojos.

No hay una palabra común para el pepino en el fondo léxico de las lenguas europeas: en inglés es *cucumber*, en alemán es *Gurke*, en italiano lo llaman *cetriolo*, es en francés *concombre*, en rumano *castravete*, en catalán lo conocen como *cogombre*, y en portugués y español es *pepino*.

La historia de la palabra es interesante: el étimo o palabra origen es el latín PEPO-ONIS que dio *pepón* y que significaba 'melón'; pero los hablantes entendieron que esa terminación en *–ón* era un aumentativo, por eso, para denominar a un fruto similar pero de tamaño menor (el que la ciencia llama CUCUMIS), se utilizó esa raíz (*pep-*, pero no Guardiola) y se le añadió un diminutivo. Esa es la hipótesis que dio en su *Diccionario etimológico* Joan Corominas para explicar el origen de esta palabra.

Esto de los sufijos y las bases léxicas es parte de lo que llamamos «procesos de formación de palabras». Pero cuando pensamos en cómo formamos palabras tenemos en la cabeza casi siempre «añadidos» como prefijos, sufijos o interfijos que se suman a una base; entendemos que lo típico es tener una palabra tipo *pan* (base léxica) a la que colocamos cosas:

- un sufijo (*pan-adero*).
- o un sufijo (como –*ito*) con un interfijo delante (*pan-ec-ito*).

¿Pensaba el lector que formar palabras es siempre agregar? ¡Y un pepino! A veces formar es quitar, tirar la palabra para atrás. Esto se conoce en Lingüística como *formación regresiva*: creamos una nueva palabra eliminando de otra lo que falsamente entendemos que es un «añadido» (sufijo o prefijo). Ocurriría, por ejemplo, si creáramos un «apeto» desde *apetito* y ocurre con palabras que ya existen, como quienes hablan con mucha suficiencia de los *entrenos* para los entrenamientos de moto o quienes, con afán de tomarse un gazpacho, dicen que van al *chiringo* (y no al *chiringuito*).

Un corazón agrandado

A las palabras de amor
les sienta bien su poquito
de exageración

decía el bueno de Antonio Machado en la undécima de sus *Canciones*. Y eso le pasa a *corazón*, que es una palabra hecha de aumentativos. Desde el latín COR, los romances han derivado palabras como:

- *coeur* en francés,
- *cuore* en italiano,
- *cor* en catalán,
- o *cord* en rumano.

El lector puede observar que son casi todas ellas palabras monosílabas, bastante parecidas en extensión a la palabra latina de la que provienen. Pero el caso del *corazón* español nos ofrece una forma más larga. Es el resultado de sumar a COR dos aumentativos latinos: ACEU y ONE. De esa unión de COR+ACEU+ONE ha salido nuestro *corazón*.

Hemos construido en español, pues, un *corazón agrandado* que se acrecienta a base de sufijos. Esto de que el corazón pueda «crecer», no solo como crecen los riñones, el hígado u otros órganos del cuerpo, sino crecer circunstancialmente e hincharse a ratos tiene su lado poético, y nos recuerda a una frase del héroe de la épica castellana, Rodrigo Díaz de Vivar, el *Cid*, cuando le decía a su esposa, doña Jimena, antes de marchar a la pelea:

> *non ayades pavor porque me veades lidiar,*
> *con la merçed de Dios e de Santa María madre,*
> **créçem' el coraçón** *porque estades delant,*
> *con Dios aquesta lid yo la he de arrancar*
> (versos 1652-1656)

Antes de ir a batallar, ve a su mujer y le dice que ante ella (*porque estades delant*) le crece el corazón. El corazón del héroe que se expande ante la visión de su amada es en el *Cantar de Mio Cid* una imagen brillante, pero muy contenida. No se anda este personaje con romanticismos ni cursilerías, pero sí conoce el lirismo.

A un titán como el Cid le convienen otras palabras derivadas de COR, por ejemplo *coraje*, con la raíz latina y una terminación en *–aje* que es típicamente francesa; *coraje* es, pues, un galicismo o palabra del francés. Primitivamente significaba 'ira' pero también 'valentía, ímpetu' (*el soldado tenía valor y coraje*) pero hoy ese sentido se ha enriquecido con un significado más: *coraje* como 'irritación'. ¡Qué coraje! diría yo al oír a un novio decir a su novia *cuando estás delante se me derrite el corazoncito*. ¡Habla con el Cid, y que se te agrande el corazón!

Conchita Wurst en la historia del español

A lo mejor el lector es admirador de Eurovisión y conoce y puede cantar la melodía de la canción que ganó en 1995 y sabe en qué posición quedó España en 2001. Tal vez el lector es de los que piensan que este festival europeo de la canción es una exposición bizarra de coreografía y vestuario al son de una música que es siempre la misma balada. Lo peor es que creo que seguramente tanto el fan de Eurovisión como el detractor más cruel de este espectáculo se sientan ante la tele esa noche de mayo en que se celebra la gala.

Sé que pocos recordarán la melodía de la canción ganadora de 2014, presentada por Austria, pero se acuerdan seguro de la cara de quien fue la representante de ese país, la barbuda Conchita Wurst. Nuestra amiga austriaca no sería muy del gusto del Arcipreste de Hita, el autor del siglo XIV que en el *Libro de Buen Amor* daba este consejo para elegir mujer: *Guárdate que non sea bellosa nin barbuda*.

—¡UNA MUJER BARBUDA! —dirán casi todos al ver a Conchita.
—¡Un sufijo en *-udo*! —digo yo al oírlos.

-Udo es un sufijo patrimonial, esto es, heredado del latín (-UTU), que expresa una intensidad positiva en palabras como *forzudo* o *concienzudo*, pero que está más cargado negativamente cuando se adjunta a partes del cuerpo humano: *barrigudo, cabezudo, dentudo, orejudo, peludo, velludo*, o a animales: *aludo, cornudo, picudo...*

El rival de *-udo* es *-ón*, que es un aumentativo menos humorístico pero también apunta a una dimensión de exceso (*barri-*

gón, *cabezón*...). Se usaba en latín (lo hemos visto en el capítulo anterior, ya irreconocible en el aumentativo *corazón*) y se sigue usando hoy en español.

Udo, con su punto de parodia, crece sobre todo a partir del siglo XVI, justo cuando ya han desaparecido completamente los participios en –*udo* que tuvieron algunos verbos de la segunda conjugación (la de los verbos en –*er*). Como de *tener*, junto con *tenido* se dijo *tenudo*; de *conocer* se usó *conoçudo* y tambien *conocido*, y de *saber* había *sabido* y *sabudo*. Pudo ser la pérdida de esas formas en –*udo* en el siglo XVI la que hizo que esta terminación se usara más a partir de ese momento.

En la época medieval, cuando Juan Ruiz gustaba de mujeres de caderas anchas y piernas chicas, la barba era símbolo insuperable de la virilidad. Pero hoy lo de ser *barbuda* nos replantea nuestra forma de entender la imagen femenina. Cambia la forma en que miramos a una mujer barbuda, pero el sufijo permanece.

Una lengua muy muy larga, twelve points.

CHICO

El pequeño Nicolás en la historia del español

Está *Le petit Nicolas*, el protagonista de los relatos creados e ilustrados desde 1956 por René Goscinny y Jean-Jacques Sempé. Fueron muy leídos por los niños franceses en su tiempo, algo así como el *Manolito Gafotas* que tuvo tanto éxito por aquí. Y después está Francisco Nicolás Gómez Iglesias, nuestro *pequeño Nicolás* español, un chico con mucha cara que salió en los medios españoles repetidamente en 2014, porque al parecer se colaba donde podía o lo dejaban (reuniones políticas, encuentros sociales...). De hecho, ese pequeño Nicolás también se cuela en *Una lengua muy muy larga* para plantearnos esta pregunta: ¿por qué *pequeño* y no *chico*?

El caso es que yo, y la mayoría de mis amigos sevillanos, usamos *chico* más que *pequeño*: diríamos que tal casa es *muy chica* para tanta gente, pondríamos mala cara al ver que el plato de jamón que nos ponen en un restaurante es demasiado *chico* o meteríamos en nuestro bolso un *paraguas chico*.

Por eso mismo, de alguien joven y de sexo masculino diríamos que es *un niño*, aunque sea universitario y veinteañero: *un niño de mi clase...* dirían mis alumnas de alguno de sus creciditos compañeros. Y junto con *chico*, usamos otros adjetivos también: *Es muy nueva*, por ejemplo, dirían en mi pueblo de una persona joven. Los nombres para las personas jóvenes tienen bastante variación dialectal: pensemos en el *guaje* en Asturias.

Estas dos palabras, *chico* y *pequeño*, tienen su historia. Cuando el rey le dice al Cid que dé a sus hijas en casamiento a los infantes de Carrión, el Cid, que ya sospecha que sus futuros yernos son mala hierba, dice de sus hijas: *Infantes son e de días chicas*. Pero en el siglo XVI *pequeño* como adjetivo termina imponiéndose en Castilla a *chico*, que antes tenía un frecuente uso en la literatura. Y de la corte castellana ese uso se extendió a buena parte de la población, aunque a Andalucía no terminó de llegar *pequeño*.

Más o menos como el pequeño Nicolás, que parece ser que operaba sobre todo en Madrid y el norte de España. Y que no se *achicaba* (verbo muy antiguo, más que su paralelo *empequeñecer*) en ningún contexto, por solemne que fuera.

Camilo Sesto
en la historia del español

Hay que ser un aguafiestas para que no te guste Camilo Sesto. Sé que se hizo famoso por interpretar el papel principal del musical *Jesucristo Superstar*, pero eso me queda lejos y yo lo que he oído son sus clásicos, sobre todo los de pista de baile como *Vivir así es morir de amor* o *Mola mazo*, pero también *Algo de mí* o *El amor de mi vida*. Camilo mola tela y tiene un filón filológico que estamos obligados a valorar. Esta historia se incluye en la parte del libro dedicada a las palabras y el vocabulario, pero, como veremos, Camilo nos va a hacer aprender sobre otros ámbitos del español también.

Empezaremos con una parte de su currículum muy enigmática e inquietante, la de su nombre:

- El real es Camilo Blanes. Lección filológica 1: Blanes es un pueblo de Gerona llamado BLANDAE en época romana. En catalán y aragonés antiguo es normal que el grupo de consonantes *nd* evolucione a *n*: por ejemplo las voces catalanas *demanar* o *Girona* provienen de las latinas DEMANDARE y GERUNDA.
- Empezó a cantar y actuar con el nombre de *Camilo Sexto*. Suena a nombre papal, pero no lo es. Lección filológica 2: el nombre más utilizado entre los papas de Roma ha sido *Juan*, empleado en más de veinte ocasiones. Y entre los menos usados están *Zósimo*, *Eutiquiano* o *Silverio*, entre otros. Pero nunca hubo un papa Camilo.

🖎 En torno a 1970 cambió su nombre hacia Camilo Sesto, con *s*. Y esta es la tercera lección filológica que nos da su nombre: la variación entre *x* y *s*. Como la *x* equivale modernamente a /ks/ (*examen*), es común que oralmente se simplifique en *s*, sobre todo cuando sigue otra consonante. De hecho, la *Ortografía* que publicó la Real Academia Española en 1815 permitía la escritura con *s* de voces como *estrangero*, *estraño* o *estremo*.

Aparte del nombre, Camilo Sesto nos enfrenta a otras cuestiones de lengua de hoy y de ayer. En una parte del español peninsular se usa, como en su canción *Mola mazo*, la palabra *mazo* sola (*comí mazo*) o acompañando a un adjetivo (*es mazo de caro*). En Andalucía, en cambio, no se usa *mazo* y se prefiere *taco de bueno* antes que *mazo bueno*. Pero, obviamente, Camilo Sesto es mucho Camilo y la extensión de la canción *Mola mazo* no es frenada por ninguna frontera lingüística interna de España.

Y por último, está el peluquín. *Peluquín*, claro, sale de *peluca*: es su diminutivo. *Peluca* es una de esas palabras de etimología difícil: tal vez vino de la raíz francesa *perruquet* (que significaba 'lorito', por los funcionarios de justicia franceses, que llevaban pelucas y cuyo perfil se asemejaba al de estos pájaros). De hecho, fue francesa también la moda que trajo ese invento a España. ¿Y qué me decís de la expresión *ni hablar del peluquín*? ¿Hay manera más castiza de decir que no a algo? Al parecer, la expresión circuló con gran éxito a partir de una canción grabada por la cantante de copla Juanita Reina en 1942.

Seguro que no has pensado en todas estas implicaciones lingüísticas guardadas dentro de la vida y obra de Camilo Sesto. Y eso que no he hablado de la parte no lingüística de su biografía: cuando terminó la temporada de *Jesucristo Superstar*, la empresa de maquinillas Gillette le pagó cincuenta mil dólares por afeitarse la barba en una promoción publicitaria. Y uno de sus vídeos musicales se grabó en la NASA. Y... debería seguir llamándose Camilo Sexto, porque en el pontificado profano de los ateos, Camilo debería ser tratado como un papa.

EZ

Apellidos

Si el lector es inglés, francés, alemán o italiano: apellido de su padre, primero y único apellido.

Si el lector es portugués o brasileño: apellido de su madre, primero; apellido del padre, segundo (pero más relevante porque se conoce por el apellido del padre).
Si el lector es español o hispanoamericano: apellido de su padre, primero; apellido de la madre, segundo.

¡Con un cambio importante!

Desde el año 1991, en España es posible inscribir a los nacidos poniendo primero el apellido de la madre. Por defecto, no hay ya en España prevalencia del apellido del padre: son los progenitores quienes especifican qué apellido quieren poner primero a su hijo. Y ahora es cuando viene el llanto y rechinar de dientes y dirán algunos:

¡Es un escándalo! ¡Se rompe una tradición de siglos! ¡Esto antes no pasaba! ¿Adónde vamos a llegar?

Vamos por partes:
¿Es un escándalo? Supongo que tan escandaloso como que el taxi en que te montas lo conduzca una mujer, te atienda en el parto un matrón o el amigo de tu hijo venga de una familia monoparental. Nada escandaloso si observas que la sociedad

ha cambiado y de alguna forma impulsa a que la administración refleje esos cambios. Particularmente, me parece de lo más sensato dejar que los padres elijan el orden de los apellidos de sus hijos. Combinaciones malsonantes, apellidos raros que se pueden perder... se arreglan muchos problemas dejando que sea la gente la que los arregle.

¿Se rompe una tradición de siglos? Pues tampoco. Es gracioso cómo apelamos a la historia del español solo para cuando nos conviene y siempre sin indagar demasiado. El sistema actual se formalizó a partir de la Ley de Registro Civil de 17 de junio de 1870, que estableció que todos los españoles debían ser inscritos con nombre y dos apellidos en el orden paterno + materno. Antes de eso el sistema era bastante... asistemático. La gente menos pudiente se conformaba con tener un nombre y un apodo o un nombre y un apellido. Sin censos, con herencias bastante pequeñas que repartir y sin aduanas en las fronteras no había necesidad de nuestros carnés de identidad. Propongo al lector que lea el árbol genealógico del Marqués de Santillana, Íñigo López de Mendoza. Empiezo el árbol genealógico con el nombre de sus padres:

Diego Hurtado de Mendoza & Leonor de la Vega [padres de:]
Íñigo López de Mendoza & Catalina Suárez de Figueroa
[padres de:]
Pedro Laso de la Vega
Diego Hurtado de Mendoza
María de Mendoza
Íñigo López de Mendoza
Lorenzo Suárez de Mendoza
Juan Hurtado de Mendoza
Mencía de Mendoza
Pedro Hurtado de Mendoza
Pedro González de Mendoza
Leonor de la Vega

Como vemos, los hijos del Marqués heredan apellidos de los abuelos y el padre indistintamente, los hermanos no tienen los mismos apellidos y hay hermanos con el mismo nombre de pila. Él mismo no hereda los apellidos de sus padres. Y es que el reparto de apellidos no era en el siglo XV tan rígido como el de hoy. *¿Esto antes no pasaba?* Que las cosas no pasasen antes no impide que puedan pasar ahora, el argumento de *lo insólito* nunca puede ser un contraargumento en sí mismo. De todas formas, antes (mucho antes, en latín) pasaban otras cosas que dejaron de pasar en castellano. El español ha ido modificando el sistema denominativo latino, constituido por tres nombres, esto es, el llamado sistema de TRIA NOMINA al que se podía añadir incluso un cuarto elemento, el *agnomen*

PRAENOMEN + NOMEN + COGNOMEN + AGNOMEN
Quinto   Cecilio   Metelo   Macedónico

En la época medieval, este sistema tan largo de denominación de los romanos se había diluido bastante y los nombres se formaban en general con la estructura Nombre + Patronímico. Un patronímico no es exactamente un apellido, aunque pueda terminar siéndolo. El patronímico es el nombre del padre, que se adjunta al propio para especificar que procede de su familia. *Juan Benítez* o *Juan Benito* era el hijo de Benito; *María Pérez* era la hija de Pe(d)ro. De los patronímicos derivan nuestros actuales apellidos (cuando Juan Benítez es el hijo de Pedro Benítez el patronímico se ha convertido en apellido).

¿Dónde vamos a llegar? Es ocioso hacer especulaciones lingüísticas. No sabemos, pues, dónde vamos a llegar. Pero sí sabemos que habrá lingüistas interesados en estudiar esos cambios en los sistemas de denominación. La disciplina de la Onomástica histórica se ocupa precisamente de estudiar esos cambios. Hay cuestiones muy interesantes que vinculan la historia de los territorios con los nombres y apellidos de sus sociedades. Por ejemplo, la moda de poner nombres germanos (*Fernando*, *Rodrigo* o el elegante nombre de *Alonso*...) que recorrió Europa

desde el siglo IX o el uso de apellidos de santos (hagiopatronímicos como *Santamaría, Santacruz*...) por parte de los conversos cuando abandonaban sus nombres judíos.

Es curioso que esos árboles genealógicos que hoy muchos se encargan siempre salen llenos de leones, castillos, duques y flores de lis. Muchos se empeñan en buscar el escudo de armas de su apellido o en decir que descienden de reyes. Pero, como dice el chiste, se les puede contestar: «Pues sí que has descendido».

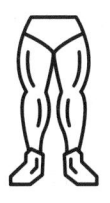

¡Tápate las piernas!

Se ve que en el siglo XV el calor toledano hacía que algunos se aliviasen estando fresquitos debajo de la túnica. El 9 de octubre de 1479, en Toledo se dictó una *Ordenaçión sobre los canónigos que andan descubiertas las piernas*. Y decía así:

> *En el cabildo IX de octubre de LXXIX los dichos señores capitularmente ayuntados ovieron fabla e prática diziendo que se dizía que algunas personas entre ellos no traían calças ni borzeguís quando salían de sus casas, e traían las piernas descubiertas, de lo qual se murmurava e presençiava por personas legas que lo veían, e por evitarlo, en adelante ordenaron e mandaron que de oy en adelante qualquier canonigo que saliere de su casa, a pies o cavalgando las piernas desnudas syn calças o borzeguís, e se sopiere por qualquier manera, que de su prebenda e renta se tome dinero para comprar las calças o borzeguís, e mas que dé a cada canonigo de los que presentes estovieren en la iglesia un par de calças de panno mayor fino.* (Actas Capitulares, I, f. 109r, Archivo catedralicio de Toledo, procedente de M. José Lop Otín, 2003, *El cabildo catedralicio de Toledo en el siglo XV. Aspectos institucionales y sociológicos*. Madrid, Fundación Ramón Areces, pág. 519.)

Esto era un escándalo: por no tener dinero o por tener calor, algunos sacerdotes iban sin *calzas* ni *borceguíes* y llevaban las piernas descubiertas. ¡Vaya tela! (O más bien, ¡vaya poca tela!).

Por los cuadros y las descripciones conocemos bien el mundo del vestido medieval, y tenemos la suerte de conservar algunos vestigios arqueológicos originales (hay incluso un museo específico: el Museo de Telas Medievales de Burgos) que nos permiten ver algo de las ropas de entonces. Es cierto que muchas de las palabras de ese vocabulario de la ropa del Medievo se nos han perdido o han variado las realidades a las que nombran. Mire, lector: seguro que tiene usted en casa (en su armario o en el de su pareja) algo bastante similar a unos *borceguíes* ('Calzado que llegaba hasta más arriba del tobillo, abierto por delante y que se ajustaba por medio de correas o cordones' según el *DRAE*) aunque usted no los llame así sino *botas altas, botas con cordones* o algo parecido. O posiblemente usted llame *leotardos* (¡o *leggings!*) a eso que eran calzas medievales. Esto del léxico de la vestimenta cambia bastante. Pero no solo porque cambie la ropa que llevamos (claro, ya no usamos *golilla* ni *brial*) sino porque modificamos el nombre que damos a una misma prenda según esta cambie de diseño o de marca de fabricante. Todo lo que sigue son palabras referidas a ropa, usadas aún en el siglo XX, pero que hoy nos pueden quedar lejanas:

- ANORAK: Técnicamente, esta palabra es una 'Chaqueta impermeable, con capucha, usada especialmente por los esquiadores'. Obviamente, no es una voz española; remite a la lengua esquimal y nos llegó en los años 50 a través del léxico inglés, cuando se introdujo en el país por los aficionados al montañismo y la nieve. ¿Se sigue usando o la han reemplazado *chaquetón, parka* y similares?
- COMBINACIÓN: 'Prenda de vestir que usan las mujeres por encima de la ropa interior y debajo del vestido', dice el *DRAE*. Hoy la usan más las mujeres mayores que las jóvenes.
- NIQUI: No sé si al lector le sonará, pero en la España de los 70-80 muchas madres daban a los polos (camisetas con cuello) o simplemente, a las camisetas, el nombre *niqui*. Eso de *niqui* es, según el *DRAE*, alemán (donde se escribe *Nicki*) y, según otros autores, el nombre del personaje de una película que

llevaba constantemente esta prenda. La palabra se encuentra en textos del español desde al menos los años 60 (en *Últimas tardes con Teresa* Juan Marsé lo usa varias veces, pero escribiendo *niki*). En otros países de habla hispana, el polo es la *remera* (Uruguay), la *polera con cuello* (Bolivia) o el *poloché* (de *Polo shirt*, al estilo de las madres españolas que llamaban al polo algo así como *chimilacó*, pronunciación muy hispanizada de la marca francesa del cocodrilo: *Chemise Lacoste*).

- PELLIZA: Era el abrigo grueso y protector para el invierno; una prenda de uso, por ejemplo, entre los campesinos, que afrontaban el frío mañanero con estas grandes chaquetas, forradas de piel fina por dentro. Su étimo es PELLICEA, derivado del latín PELLIS 'piel'. En los cuadros barrocos se retrata a menudo a hombres con pellizas, lo que nos muestra que la prenda también se usó, dependiendo de la calidad de su factura, en dominios más elitistas.

- SOSTÉN: En España esto es exactamente lo mismo que el *sujetador*, pero menos sugerente y muy poco erótico. *Sostén* se está quedando como palabra antigua, mientras que *sujetador* tiene más uso. En las revistas de moda a veces no usan ni una ni otra palabra, sino *bra*, la voz inglesa que popularizó el sujetador que decía ser maravilloso o *Wonderbra*. Si nos vamos de viaje por América Latina, lo vamos a pasar bien observando las diferencias en el modo de llamar a esto: *brasier* (en Colombia, Costa Rica), *ajustador* (en Cuba), *soutién* (en Uruguay o Argentina)...

- Los zapatos que nos calzamos para hacer deporte son llamados en el mundo hispánico de formas tan diversas como *botines, championes, deportes, deportivas, playeras, tenis* o *bambas*. Este último nombre tiene gracia, porque ese *bamba* viene de Wamba, nombre de una marca de calzado deportivo que se inspiró en el poderío del rey visigodo del siglo VII Wamba.

En blanco y negro

Hay animales que ven el mundo en blanco y negro, igual que hay personas ciclotímicas que pasan de la euforia al abatimiento, incapaces de medir los matices intermedios de cualquier situación. Pero quienes vemos el mundo fuera de esas dos polaridades sabemos, porque nos lo han enseñado desde pequeños, que hay una escala intermedia de colores: negro, azul, verde, marrón, rojo, naranja, morado, rosa, amarillo, blanco..., escala que se refina hasta lo imposible en las paletas de las crónicas de moda: *magenta, azul klein, berenjena, blanco roto, caqui, coral, menta, verde cazador* y hasta hay algún insensato que habla de *naranja guantánamo*...

Blanco y *negro* son los dos nombres de color que más aparecen en los textos medievales. Aunque el castellano heredó muchos nombres de color del latín, también adquirió su propia nomenclatura y perdió bastantes términos de la lengua madre. Por ejemplo, los adjetivos latinos de color poseían la distinción color mate / color brillante, que se perdió en castellano:

ATER 'negro mate' || NIGER 'negro brillante'

en romance permaneció el heredero de NIGER *negro;* en cambio, para la pareja:

ALBUS 'blanco' || CANDIDUS 'blanco brillante'

en romance se extendió *albo* en nombres de lugar como *Montalbo*; este venció a *candidus* 'blanco brillante', aunque finalmente se sustituyera la forma latina por el germanismo *blank*, de donde proviene nuestro *blanco*. El blanco y el negro resumen en la propia historia de sus conceptos los fenómenos de léxico más frecuentes en el devenir de nuestra lengua: tenemos lo latino con voz mantenida pero con cambio en el significado (*negra* es cualquier cosa de ese color, brillante o mate), tenemos la palabra latina que se ha perdido para siempre (ATER), la voz latina perdida en el habla común pero recuperada por vía culta (CANDIDUS, se ha reintroducido como cultismo en el siglo XV), y, por último, tenemos lo foráneo, o sea, lo adquirido (el germanismo *blank*). Hay otras palabras no latinas que usamos también para colorear nuestro lenguaje: *carmesí* viene del árabe, al igual que *azul*, que lo trajo el árabe desde el sánscrito.

Y también en los colores vemos la propia variedad del español; una variedad en el espacio (lo que es en el español estándar *rojo* es para mí *colorado* y para muchos hablantes americanos *encarnado*) o en el tiempo (nuestras abuelas jamás decían *beis*, las cosas eran *crudas*, por el color de la lana sin blanquear). En resumen, el lector verá que para palabras, los colores.

¡AGUA!

Los ladrones, tesoro de nuestra lengua

Si un marciano recién aterrizado tuviera que juzgarnos a los hablantes del español a partir de nuestras palabras pensaría que aquí... se roba mucho. Son decenas las palabras que existen o han existido para este delictivo acto. La frase genérica podría ser «Los ladrones roban», pero el tipo de robo y sus circunstancias van modelando al ladrón para enriquecerlo con todo tipo de nombres particulares según qué, cómo, cuándo y con quién se roba.

Si observamos el cómo, el vocabulario se multiplica para dar nombre a todas las profesiones posibles. El ladrón que abre un agujero en el suelo es un *butronero*; el que usa la ganzúa es un *percador* y el que señala con una mano en una tienda mientras que con la otra se guarda algo en el bolsillo es un *bajamano*. *Farabusteador* es el que roba rápidamente y *motochorro*, en el español rioplatense, es el que roba y huye en moto. Quien engaña al vender o cambiar es un *trapaza* y al *tironero* se lo puede llamar tambien *turlerín*. El que aprovecha que la puerta de la casa está abierta es un *caletero*, y el que se beneficia de la distracción ajena, un *descuidero*.

Si miramos a qué se está robando, la palabra *ratero* nombra al que roba cosas que valen poco. El que le quita las ovejas a otro es un *lobatón*; *gomarrero* es el que se lleva las gallinas, y quien sustrae metal o piedras de una mina es un *cangallero*. El que robaba a las caballerías que circulaban por los caminos era un *almiforero* y el primer sentido que tuvo la palabra *sacrílego* era el de ladrón de objetos sagrados. Quien roba una billetera es un *carterista* y quien hurtaba una bolsa con dinero era un *cicatero*, aunque hoy para nosotros esta palabra significa que alguien te racanea lo que te mereces (*chicatero* es su preciosa variante, por influencia de *robar cosas chicas*). Si robas a un ladrón tienes cien años de perdón, dice el refrán, pero además tienes una palabra que te da nombre: *belitrero*.

Si nos fijamos en el cuándo, *murcigallero* y *murciglero* son los que hurtan a los que duermen; y si atendemos al con quién, la cuadrilla delictiva se nos llena de nombres muy curiosos. El que vigilaba mientras otro robaba era antes llamado el *lince*, ahora quien avisa es el *aguador*, pues grita ¡*agua*! Criados que ayudaban al ladrón eran el *alatés* (o el *azorero*, si este se encargaba de llevar lo robado). Al final de la cadena, el *perista* aprovecha los objetos robados para comerciar.

¿De dónde han salido tantas palabras? Muchas de ellas son latinas (por ejemplo, la principal, LATRO, de donde viene *ladrón*). Otras vinieron de las lenguas germánicas: los mercenarios germanos que entraban a Roma trajeron la raíz de la que sale la palabra castellana *robar*, que empezó a convivir con *hurtar* (del FURTARE latino). Otras voces las tomamos de las lenguas vecinas: por ejemplo, *hampa* vino del francés. Muchas son del italiano: *bandido* era, además del amante de Bosé, la palabra para llamar a los forajidos, no usada en español antes del siglo XVI. También llegaron de Italia por la misma época *desfalco* y *estafar*, que en origen significaba sacar el pie fuera del estribo al montar a caballo y quedarse en falso, como aquel que siente que ha metido su dinero donde no debía. Del vasco vinieron *ganzo* y *ganzúa*, variantes de *gancho*. Y hay muchas recientes del caló, como *mangar* o *choro* (de ahí hemos sacado *chorar*, *chorizo* o *chorizar*).

La jerga de los delincuentes tuvo incluso un nombre para sí: era la *germanía* (o *jerigonza* o *jacarandina*), el lenguaje usado por los maleantes en la época más picaresca de nuestra cultura, los siglos XVI y XVII. Para hacer crípticos sus mensajes, los ladrones utilizaban en su vocabulario palabras especiales, que les servían de ocultamiento.

Con mayor o menor uso, las palabras para la delincuencia se registran en los diccionarios del español de ayer y de hoy. ¿Es en este caso la lengua causa o efecto de la realidad? Obviamente, nuestro marciano recién aterrizado no debería pensar que el tener tal cantidad de palabras nos hace ladrones, ya que la lengua no hace a la conducta y tener muchas palabras para nombrar al ladrón y sus circunstancias no nos convierte en más propensos a robar. Ahora bien, ¿tener tantas palabras es un efecto de cierta tendencia a sisar lo que no es de uno? Pues tampoco. De hecho, observando el panorama nacional últimamente, lo que a una le da por pensar es que en español no hay palabra para tanto chorizo.

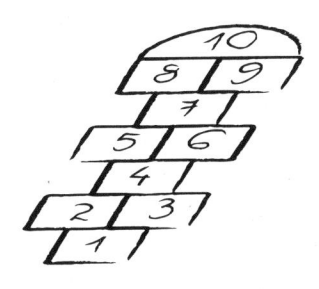

Columpiarse

Lo releo y me gusta aún más que la vez anterior. El Góngora grande, del rizo formal, poetizando crípticamente los mitos clásicos, se humaniza ante mis ojos cuando vuelvo a leer el romance *Hermana Marica*. Lo transcribo en parte para que el lector disfrute. Un niño empieza a planear sus juegos de mañana, y dice:

Hermana Marica,
mañana, que es fiesta,
no irás tú a la amiga
ni yo iré a la escuela
[...]
iremos a misa,
veremos la iglesia,
daranos un cuarto
mi tía la ollera.
Compraremos dél
(que nadie lo sepa)
chochos y garbanzos
para la merienda;
y en la tardecica,
en nuestra plazuela,
jugaré yo al toro
y tú a las muñecas

con las dos hermanas,
Juana y Madalena,
y las dos primillas,
Marica y la tuerta;
[...]
jugaremos cañas
junto a la plazuela,
porque Barbolilla
salga acá y nos vea;
Bárbola, la hija
de la panadera,
la que suele darme
tortas con manteca,
porque algunas veces
hacemos yo y ella
las bellaquerías
detrás de la puerta.

La historia del amigo de Marica, que prepara un día de entretenimiento mañana (que es fiesta y no hay «miga», o sea, escuela de niñas) nos da noticias sobre qué hacían los niños en el siglo XVI, a qué jugaban, qué cosas cantaban en las puertas, cómo enredaban con los demás del barrio, cómo hacían picardías detrás de la puerta, sus secretos y andanzas.

Lo releo y vuelvo a sentir las tardes de mi infancia, cuando apenas había tele para niños y nos pasábamos el día inventando. La merienda, el juguete liviano y el tiempo inmenso sin medir vuelven a estar en mis manos con este romance de Góngora. Me recreo en el recreo de esos niños, con tantas palabras viejas ya perdidas y tantas otras tan actuales que volverán a pronunciarse esta tarde cuando vuelvan a salir los niños a la plaza o a gritar *a volaaaar* mientras montan en los columpios.

Igual que hay tebeos y héroes infantiles para cada generación, hay también juegos distintos para cada generación. En estos tiempos de hoy, muchos de los juegos se derivan de personajes televisivos o de videojuegos compartidos por todos los niños de un país. Pero en los nombres de los juegos tradicionales, los juegos «de patio», vemos una variación mucho mayor.

¿Reconoce el lector el juego que aparece en la ilustración? Tres casillas seguidas, dos a cada lado, una casilla y otras dos a cada lado. O llegando hasta el 10, se añaden otras dos casillas después. Se lanza una piedra al 1. Se pisa cada casilla *a la pata coja*, sin rozar las rayas y cuando hay casilla doble se abren las piernas para poder apoyar un pie cada una. Al llegar a la última casilla, giramos saltando y volvemos a recorrer, saltando, el camino, pero además y sin perder el equilibrio recogeremos la piedra que depositamos. En nuestro siguiente turno, tiraremos la piedra al dos, y así sucesivamente.

Y a esto...
¿cómo lo llama el lector?

Este juego es conocido en los libros como *rayuela* pero llamado por los niños *chucla, descanso, michi, peletre, pique, pisé, rayoleta, sambori, teje, truquemé...* Observe el lector la amplia variedad de palabras que hay para denominar a este juego ¡y las que hemos dejado fuera! Estos fenómenos de diversidad léxica para una misma realidad son muchos dentro de la comunidad hispanohablante. Y a veces se escucha la voz de alguien espantado...

¡¡¡PELIGRO!!!

porque piensa que se están perdiendo palabras del español, porque ya los niños de su pueblo no saben qué es eso del *infernáculo* o el *luche* (por cierto, otros dos nombres más para la *rayuela*).

¿Se pierden las palabras?

Pues no hay que asustarse. Obviamente, si los críos no juegan ya en sus patios a hacer estos cuadrados con tiza y a saltar sobre ellos, no conocerán esa palabra, o solo sabrán la palabra estándar, *rayuela*, porque es la que sale más en los libros. Pero tal como desaparecen realidades, y, en consecuencia, se van perdiendo las palabras que las nombran, aparecen nuevos inventos, donde también pueden reproducirse nuevos fenómenos de diversidad léxica.

Con la globalización nos estandarizamos cada vez más, pero columpiémonos tranquilos: mientras necesitemos comunicarnos, seguiremos necesitando palabras; y mientras hablemos una lengua viva, esa lengua tendrá variación. Hay cosas que no cambian, como que los niños del XVII y los de ahora, montan planes para disfrutar *manaña que es fiesta*.

¿Crees en la reencarnación?

Siempre la misma historia: quienes creen en la reencarnación piensan que en la otra vida fueron Cleopatra, el emperador Octavio, Napoleón o Greta Garbo. Hay una entretenida (y no más que eso) novela, *Maldito karma* (2007), de David Safier, en la que se narran reencarnaciones más prosaicas: las de una presentadora alemana de televisión en una hormiga, un gusano y... no cuento más.

El karma es un concepto religioso indio que el diccionario de la RAE define como: 'energía derivada de los actos que condiciona cada una de las sucesivas reencarnaciones, hasta que se alcanza la perfección'. Es una palabra del sánscrito (lengua ya muerta de la India) que ha llegado al español a través del inglés, y que se incorporó después de 1992 al diccionario académico.

En la historia de la lengua también hay formas lingüísticas que mueren y luego reaparecen convertidas en otra cosa. A este modelo de comportamiento no lo llamamos *reencarnación*, sino, siguiendo la descripción del académico Pedro Álvarez de Miranda, *poligénesis temporal*. Es una especie de resurrección de una palabra ya perdida, que reaparece con otro valor. Más o menos como una de estas reencarnaciones en Cleopatra que mencionaba antes. Pongamos dos ejemplos clásicos.

Azafata era un término que se empleaba en la Edad Media para aludir a las camareras de la reina, que portaban un cesto, *azafate* o 'canastillo' (del árabe *safat*, 'cestilla') con los alfileres y útiles de atavío mientras las reinas se vestían. Cuando surgió la navegación aérea, en la compañía Iberia se plantearon cómo traducir el inglés *stewardess* 'mayordoma'; la RAE, en 1935, les sugirió *provisora* (que provee de cosas), pero un directivo de la compañía recordó haber leído en un libro antiguo la palabra *azafata*, que fue la que finalmente se usó en España, frente a la creación léxica por compuesto, propia del español de América: *aeromoza* (allí también se emplea *cabinera*).

Por su parte, *deporte* (o *depuerto*) se empleaba en la Edad Media con el significado de 'entretenimiento, solaz'; *deportes* eran esos entretenimientos que hacían los caballeros al aire libre, con lanzas y caballos. Cuando se trajo del inglés el sano hábito de mover el esqueleto para hacer ejercicio, se importó también la palabra. Franceses, italianos y españoles decían *sport* y el propio poeta Machado escribía:

> Fue Kant un esquilador
> de las aves altaneras;
> toda su filosofía
> un sport de cetrería.

Observe el lector que hoy seguimos diciendo *chaqueta de sport*, pero hemos rescatado y asentado ya en la primera mitad del siglo XX el *deporte* del Medievo. *Deporte* y *azafata* parece que tenían buen karma, pues se han reconvertido en palabras bastante agradables. Puestos a resucitar, yo resucitaría *alfóncigo*, la palabra de raíz árabe que fue desapareciendo a partir del siglo XVII sustituida por la voz francesa *pistacho*. Suena castiza, ¿verdad? Buen *deporte* el de resucitar palabras.

Bigote

El escenario es este: final del siglo XV, grupos de soldados de lengua germana, tal vez suizos, coaligados como mercenarios con los castellanos en las guerras contra los árabes en el Reino de Granada, están en el fragor de la lucha, alimentados por la ensoñación de una Europa sin musulmanes. A alguno se le cae el arma, se tropieza al correr o se ve estorbado por el cuerpo de otro compañero de misión. Atribulado y tenso, se tuerce el mostacho y grita un juramento a Dios en su lengua materna:

Bei Got!

(Bei Got! ¡Por Dios!)

Si la hipótesis que explicó Baist y luego amplió Lapesa es correcta, *bigote* viene de ese juramento germánico y reemplazó a *mostacho* para nombrar el adorno capilar masculino. Nebrija ya dice en 1495 que MOSTAX en latín significaba en castellano *bigot de barva*, y hoy pocos son los que dicen *mostacho* en lugar de *bigote*.

Ser hombre de bigote al ojo era un dicho del español antiguo, que nos indica que había quien se torcía el bigote para arriba y que eso parecía bien varonil y serio, ya que la expresión significaba 'ser hombre formal'. Como casi todo lo relativo al atuendo físico, tener bigote también llevaba asociado unas ciertas pretensiones de identidad. El diccionario de Covarrubias, *Tesoro de la lengua castellana o española* (1611) es, como muchos diccionarios antiguos, una suma de definiciones lingüísticas y de descripciones enciclopédicas y opiniones del autor sobre las cosas. No nos sorprenda, por ello, leer esta apreciación suya al hablar de la palabra *bigote*:

> los que traen bigotes muy largos [...] pretenden parecer valientes, y espantabovos, como los que para dar a entender eran grandes Filósofos, se dexavan crecer la barba.

El bigote como signo de hombría y la barba para parecer un intelectual... Nada ha cambiado mucho, aunque antes fueran llamados *mostachos* y ahora *bigotes*, o antes sus poseedores fueran los *valentones* y los de ahora los *hipsters*. ¿Que qué es *hipster*? ¡*Bei Got*, búscalo en la Wikipedia!

¡Qué guay!

Las palabras con que los jóvenes ensalzan lo que les gusta y lo que dan por bueno forman uno de los conjuntos léxicos más propicios al cambio. Recuerdo que en los 80, en España, cuando algo nos gustaba decíamos que era *muy puro* o *purísimo* pero luego empezamos a decir que era *del quince* o *muy guay* o *flipante* o que *molaba taco*.

El *guay* actual se documenta por escrito desde los años 80 y pudo provenir del árabe, pero de momento nos faltan datos para reconstruir su historia dentro de la jerga juvenil de los españoles de final del siglo XX.

El caso es que *guay*, que hoy se sigue usando se empleaba en la Edad Media, pero con muy distinta función. Era una interjección de lamento, de distinto origen que el *guay* actual. Su étimo es germánico, WAI, y dejó herencia en otros romances como el portugués y el italiano. Observe el lector algunos de los ejemplos medievales de uso de *guay*; en este caso dos muestras del siglo XV:

> *Guay del que duerme solo* (Arcipreste de Talavera)
> *Guay del triste que se moja* (Cancionero de Baena)

Esa preposición *de* que acompaña a *guay* es:

- La misma que utilizamos hoy en exclamaciones como ¡ay *de* mí! o ¡ay *del* que duerme solo!

⇝ La que se usaba en esa frase, ya perdida, que también empezaba por interjección ¡*ah del castillo*! Típicamente la ponemos en boca de ese caballero perdido que está cometiendo el error de su vida al acercarse en mitad de la noche a pedir ayuda a una fortaleza misteriosa.

⇝ La que empleamos hoy detrás de nombres como *lástima* o *pena* cuando nos quejamos como con *ay*: *Lástima de vida que ha tenido*; *pena de la confianza que te tuve*.

Era tan común quejarse usando el *guay* que existió un sustantivo, *guaya*, que daba nombre a la propia queja expresada por *guay*, y una locución, *hacer la guaya*, que indicaba una queja constante e interesada con la que se quería lograr algo. El *Diccionario de Autoridades* decía que *hacer la guaya* era 'Implorar y ponderar excessivamente y con demasía los trabajos y miserias que se padecen. Dícese regularmente de los tunantes y vagabundos, que fingiendo enfermedades y necessidad extréma, quitan la limosna à los necesitados'.

Como ve el lector, eso de *hacer la guaya* no parecía muy guay.

Explicando las características de los fantasmas

Voy a intentar aclarar, para calmar a la población asustadiza, la diferencia entre un *fantasma* y una *palabra fantasma*. Las *palabras fantasma* o *fantasmas lexicográficos* son palabras que nunca se han usado en nuestro idioma, que jamás nadie pronunció o escribió y que por errores en la lectura de un texto, en la impresión de un libro o por cualquier azar ajeno al idioma, se han colado en los diccionarios (o sea, en la lexicografía) y se han mantenido durante siglos.

Por ejemplo, la palabra *amarrazón* figuró durante años en el Diccionario de la Real Academia Española con el significado 'conjunto de amarras' y era mera errata al haberse transcrito y leído mal la unión de palabras de esta frase del *Quijote* «cortar la *amarra con* que este barco está atado»; lo descubrió el filólogo Pedro Álvarez de Miranda. En otras ocasiones, la palabra existe y se usa, pero el fantasma está en uno de los significados que se da, es una acepción fantasma, como localizó Javier Rodríguez Molina para *decocción*, que significa en español 'acción de cocer', pero que desde 1936 apareció en los diccionarios con un significado más: 'amputación de un miembro', acepción fantasma que procede de la confusión con *decolación*, sinónimo de *degollación* que sí significa, en efecto, 'corte de la cabeza'. Eran dos palabras contiguas en la lista de voces definidas en el *DRAE* y el significado de una «subió» como acepción a la palabra anterior, fue un mero lapsus azaroso de imprenta.

Con instrumental menos sofisticado que el usado por los *Cazafantasmas* de la película de 1984, sin uniforme ni actitud brigadista, también hay persecución de fantasmas entre los historiadores de la lengua, como vemos. Los fantasmas y las palabras fantasma son claramente criaturas distintas, lo que se muestra en que, a diferencia del fantasma convencional, la palabra fantasma no es antropomórfica ni nebulosa, no provoca miedo ni es hostil al que la lee y no se percibe extrasensorialmente sino visualmente en la página impresa del diccionario. Pero claramente ambos entes pertenecen a la misma especie; como los fantasmas, las palabras fantasmas no son reales pero tienden a tener vida eterna, se suceden de un diccionario a otro y para ser borradas necesitan de indubitables argumentos que confirmen su carácter espectral.

Es decir: cuando alguien dice que ha visto un fantasma despierta el mismo general escepticismo que cuando un filólogo descubre una palabra fantasma. De hecho, muchas demostradas palabras fantasma siguen en los diccionarios sin que nadie se haya convencido a borrarlas. Por si acaso. Porque haberlas, haylas.

Los sobres de antes no eran como los de ahora

Alguien, leyendo este título, pondrá esta frase en la boca de un político corrupto que se queja de que las mordidas de hoy son menos cuantiosas que las de ayer. Pero no me refiero a eso. Me refiero a que antes, cuando se escribía una carta, se doblaba el papel sobre sí mismo y, una vez plegado, se ponía el nombre del destinatario en una de las caras exteriores. Por eso, cuando desdoblabas la carta, podías ver la dirección donde te la habían mandado justo en un trozo del reverso.

Todo esto era porque no existían los sobres. *Sobre* era solo la preposición que se usaba de forma independiente (*el viento sopla sobre el bosque; escribo sobre historia del español*) o ante sustantivos con los que formaba compuestos, como en la voz *sobrepelliz* ('vestidura que se colocan los eclesiásticos sobre la sotana') o en la palabra *sobrescrito*, que precisamente era la forma de designar los datos del destinatario incluidos en el exterior del pliego en esa etapa prefilatélica. Desde el siglo XIX circuló ya el invento nuevo de cubrir la carta con una especie de envoltorio, que en francés se llamó *enveloppe*. En español se popularizó el acortamiento *sobrescrito> sobre* por el que la preposición *sobre* dio lugar al sustantivo *sobre* que usamos hoy para meter nuestras cartas postales. O el dinero que pagamos a otro, sea legal o ilegalmente.

Aquí se juntan dos vectores vinculados a la Historia de la Lengua, el de la historia de las técnicas de escritura y el de la historia de los lenguajes especializados, como el del correo. Hoy el correo postal, sin perderse, ha sido desplazado por el correo electrónico; es la constante batalla entre lo analógico y lo digital. Pero hay en torno al mundo del correo postal muchos hábitos de escritura que se han ido perdiendo o modificando según cambiaba el propio sistema de correos. Algunos ejemplos:

@

Arroba es un arabismo del español; significaba 'cuarta parte' y era una unidad de medida que equivalía a unos 11,5 kilos. Cuando a mediados del siglo XIX se hizo obligatorio en España el uso del sistema métrico decimal, la arroba y su símbolo (@) desaparecieron. En inglés, el símbolo se lee *at* y se empleaba como abreviatura hasta que Ray Tomlinson la usó en 1971 para escribir la primera dirección de correo electrónico conocida.

†

Era costumbre empezar tanto los escritos de cualquier clase como las cartas con una pequeña cruz en el centro del primer renglón; en la línea siguiente se ponía ya el encabezamiento. Funcionaba como una forma de hacer presidir la escritura con la alusión a Dios mediante el icono cristiano de la cruz. Cuando se transcribe un documento manuscrito con esa cruz, no reproducimos el símbolo sino que ponemos [*cruz*].

correo electrónico

A finales de los 90, cuando comenzaron a extenderse los correos electrónicos, había quien humorísticamente decía *mandar un emilio*. Ahora queda de lo más rancio y soso, y preferimos *e-mail* o *correo electrónico*.

sellos

Lo que en España es el sello es la *estampilla* en Colombia y otros puntos de América; en México son *timbres* o *timbres postales*.

Políticos que usan chanclas

Palabras como *chancla*, *chancleta*, *chancleteo* y otras son de la misma familia que *zanca*. Si el lector piensa en un *zanco*, se acuerda de los *zancudos*, los acróbatas que llevan estas prótesis para apoyarse y hacer creer que son más altos de lo que son; o piensa en los zancos como los zuecos que se usaban antes para andar por el agua. Si el lector piensa en *chanclas*, en cambio, tiene en la cabeza los zapatos más planos que existen. El origen es el mismo: *zanca*, de donde viene *chanclas* y *zancos*, proviene de una palabra latina tardía, que posiblemente se tomó del persa (donde *zanga* significaba 'pierna'). Pero con el mismo origen, salen dos significados tan distintos que es legítimo pensar que el español es una lengua flexible como una chancla.

Una *chancla* es un zapato muy simple y funcional: sacas el pie al aire y agarras el zapato mediante una tira unida a una suela muy liviana. Lo común es que cada verano renueves chanclas y que no te aguanten mucho después de someterlas al calor, la arena y el trato constante con tu pie, que es tan feo como el de cualquiera. Pero, además de las chanclas, están las palabras chancleta, una invención propia que procedo a relatarte. Llamo *palabras chancleta* o *expresiones chancleta* a aquellas que se ponen de moda periódicamente en el lenguaje político. En absoluto me asustan que entren palabras nuevas en el idioma, porque ese es un fenómeno constante, responsable de que tengamos una lengua viva y actualizada. Sí me resulta cansado, en cambio, que aparezcan estas novedades en el vocabulario de cada temporada, al calor de una parte de la sociedad que tiene acceso privilegiado a los medios (normalmente, es la clase política la que las introduce) y que vaya pululando de un cargo a otro, sin mayor necesidad ni significado ni arraigo social. Las llamo *palabras chancleta* porque son tan falsas, antiestéticas y efímeras como las chancletas.

Pondré dos ejemplos claros. ¡Cuántas veces hemos oído en los últimos años expresiones como *poner en valor*! ¿Y qué me dice el lector sobre la manoseada *hoja de ruta*? Votaría al partido político que no las usara... y terminaría absteniéndome, claro. Porque *hoja de ruta* lo dice hasta el último inepto que quiere anunciar en un pleno que van a arreglar primero las baldosas y luego los baldosines, esa es su *hoja de ruta*. Y cualquiera que quiere jactarse de que poniendo una tienda-cafetería al ladito de aquella iglesia románica consigue *ponerla en valor*. Son palabras con las que se dice mucho menos de lo que se dice, son las asas a las que se agarran los que quieren dar una imagen de gestores avezados en tecnicismos. Son chanclas que funcionan como *zancos*, si se me permite el etimológico juego de palabras.

Tengo la batalla perdida, lo sé, pero hago mi propuesta desde esta atalaya chica de *Una lengua muy muy larga*: cuando alguien diga *poner en valor*, mascullemos ¡CHANCLETA!, si dicen *hoja de ruta*, susurremos ¡CHANCLETA! Y hagamos lo mismo con las que vayan apareciendo: ¡CHANCLETA! ¡CHANCLETA! ¡CHANCLETA!

Claro que alguien me puede decir: *pues a mí me gustan esas chancletas y las voy a usar*. Muy bien, pero que sepas que a los que usan mucho chancletas les huelen los pies.

Hago ¡chás! y te convierto en una palabra

Una forma bien filológica de pasar a la Historia es que tu nombre, o tu apellido, comience a escribirse con minúsculas y se refleje en la lengua cotidiana de los hablantes: convertirte, pues, en un nombre común.

La mayor reverencia al personaje que Fernando de Rojas consagró en *La Celestina* (1499) es que hoy quienes no han leído la obra (y aun sin saber que existe) sepan qué es ser *una celestina* y que esta palabra haya superado en uso a la típica del español: *alcahueta*.

En la España de la Segunda República los propietarios de una ruleta llamada STRAPERLO (a partir de los apellidos de sus creadores: Strauss y Perlo-witz) quisieron introducirla en el país, pagaron comisiones a políticos y periodistas, y manejaron con cuidado el dato de que esa ruleta se controlaba por un botón para que los jugadores ganasen al antojo de la banca. La maquinación se descubrió, la ruleta Straperlo se prohibió y dio a los nombres de sus propietarios una trascendencia que su juego nunca podría haber alcanzado. Por eso, las actividades fraudulentas que a partir de la Guerra Civil fueron tristemente comunes en España se denominaron *estraperlo*, y a sus practicantes, *estraperlistas*. El escándalo de la ruleta se registró en la Historia con mayúsculas y el *estraperlo* entró en la historia con minúsculas.

El *epónimo* es la palabra que sale del nombre de una persona o de un lugar y con el que designamos un objeto, una invención, otro lugar... Veamos algunos ejemplos:

- Un objeto doméstico tan cotidiano como el *táper* en que guardamos la comida para el trabajo debe su nombre a Earl Silas Tupper, que extendió su invento y arrinconó a nuestra hispánica *fiambrera*.
- Rafael Moreno, apodado *Pichichi* (1892-1922) fue un jugador vasco del Atletic de gran virtud goleadora. El *trofeo Pichichi* que se empezó a dar en los años 50 en España al máximo goleador de cada temporada extendió su nombre más allá de él.
- Muchas voces científicas o del lenguaje médico han emanado del propio nombre de su creador: *Alzheimer, Down, Asperger...* han sido estudiosos antes de perder su apellido en pro de su propio descubrimiento.
- Tener un *cuerpo danone* y una *sonrisa profidén*, además de ser algo fantástico, es otra muestra más de este viaje que emprenden algunas palabras.

La mayor condena que el dios de la trascendencia puede dictar a un hombre es el olvido. En la memoria de algunos de nuestros nombres comunes hay palabras que fueron mayúsculas en su momento pero que no han sido más grandes y trascendentes que cuando se hicieron minúsculas.

IKEA

Ikea en la historia de la lengua española

Pues no, malpensado, esta historia sobre el español no está patrocinada por la multinacional sueca Ikea. No me han pagado ni regalado ningún mueble por escribirla (pero si se enteran y les apetece, que me llamen, que tengo que renovar algunas de mis estanterías).

A lo que voy: Ikea. Sí: vas, te pierdes, compras velas aunque luego nunca las enciendas y echas allí la mañana. Pero una parte del tiempo lo dedicas a leer (a tratar de leer) los nombres que tienen algunos de sus muebles, con sus diéresis, sus consonantes fuera del sitio a que estamos acostumbrados y resultados muy raros como los nombres del grifo Kråkskär, la toalla Åfjärden, la mesa Förhöja o la alfombra Björnloka.

Ya escucho el clamor popular: *¡Fuera! ¡Poco europea! ¿Serás capaz de escribir un capítulo de tu libro riéndote de las palabras suecas? ¡Qué poca consideración!* Pues no, malpensado (otra vez). Le aseguro al lector que cuando voy a Ikea me paso la mitad del tiempo pensando en historia de la lengua española. Sé que son palabras suecas, pero... ¿no parece que Ikea es el sitio ideal para aprender cosas de la lengua de otro tiempo?

- El lector se compra una funda de cojín rosa llamada AINA por 5,99 euros. Pondrá en su sofá a *aína*, adverbio medieval castellano que significaba 'de prisa, pronto' (del latín vulgar AGINA, 'actividad, prisa') y que estaba ya anticuado en el siglo XVII. Sin duda, un estilo retro en la decoración.

- En el pasillo siguiente, y para una silla de la cocina que está fatal, el lector mete en su carrito la funda para cojín CILLA, que es muy barata (apenas 3,50 euros). Es otra palabra de la historia del español. Mmmm... ¿Casualidad? No lo creo. *Cilla* era en castellano antiguo el lugar donde se guardaba el diezmo de la cosecha que un agricultor tenía que dar como renta. Y esta CILLA es claramente un diezmo del cojín AINA anterior, pero solo el que sabe Historia de la Lengua lo entiende.
- Pasamos por la sección de oficinas. El lector se sienta en todas las sillas, incluso en las que sabe que no va a adquirir (pero, ¡y lo que disfruta uno girando en las sillas de ruedas mientras pone cara de profesional preocupado por el tema!). Allí el lector ficha para su despacho la mesa GALANT. Sospechoso caso de apócope extrema. El español perdió la *-e* final tras *n* (PANE >pan), *l* (TALE> *tal*), *r* (HABERE> *haber*) y algunas otras consonantes. Eso se llama apócope, o sea pérdida de la vocal final. Pero hubo otra apócope, la llamada extrema, que se produjo incluso cuando antes de la *e* había dos consonantes. Esa apócope se dio en los siglos XII y XIII pero luego la *e* volvió a su sitio, y por eso decimos *monte* y no *mont*. En Ikea aún subsiste (¡oh divina antigüedad!) esa pérdida de *e* para nuestra galante mesa.
- Por último, el lector se detiene en la iluminación para cuadros NON. Adoptando la forma por excelencia del adverbio de negación en la Edad Media, *non* (*no* desde el siglo XVI), Ikea está ya invitando al lector a que no compre esa lamparita porque será una inutilidad en su librería. Escondido mensaje contra la autocomplacencia.

Por eso recomiendo ir a Ikea, porque, con la excusa de redecorar la casa, han construido todo un imperio destinado a que subliminalmente aprendamos sobre historia del español.

(Por cierto, si el lector quiere saber cómo se pronuncian esas impronunciables palabras que cité al principio de esta historia sobre el español, visite www.ikeainswedish.com)

El *brexit* no me gusta nada

Es normal que para procesos políticos extranjeros adoptemos los nombres propuestos en la lengua en que fueron acuñados, sin traducirlos. Hablamos con préstamos del italiano, el catalán, el inglés o el ruso, para referirnos al *sorpasso*, el *procés*, el *impeachment* o la *perestroika*. Podríamos parafrasear estas realidades con términos españoles pero no se suele hacer. Algo parecido hemos hecho al importar la palabra *brexit*. Como *exit* es 'salida' en inglés y los ingleses llaman *Britain* al Reino Unido, inventaron *brexit* para el proceso político de salida de la Unión Europea que votaron en un referéndum. Y nosotros lo usamos tal cual.

Si quisiéramos pasar al español este término de *brexit*, tendríamos, además del circunloquio «salida del Reino Unido de la Unión Europea», una posibilidad más directa: la palabra *brexida*. Es la forma española que propongo, entre bromas y veras, para el término inglés *brexit*. ¿De dónde sale esta palabra que me he inventado? Veamos: la palabra inglesa *exit* proviene del verbo latino EXIRE, que significaba 'salir fuera'. Este verbo latino también dejó su propia herencia en el castellano medieval: *exir*, que se pronunciaba *eshir* (con el sonido que mencionábamos antes en la historia del *sushi*) y que se usó hasta el siglo XIV, cuando fue reemplazado por otros verbos como *salir*. Decía el héroe Mio Cid cuando rezaba a la Virgen María antes de irse a sus campañas militares:

¡Vuestra vertud me vala, Gloriosa, en mi exida,
e me ayude e me acorra de noch e de día!

Ahí exida significaba 'salida, marcha de un lugar'. El Cid Campeador pedía que en su salida (*exida*) a la lucha tuviese la protección divina. Si los británicos han sacado *exit* del latín EXIRE, ¿por qué nosotros no recurrimos a nuestro viejo verbo *exir* y al antiguo sustantivo *exida*? *Brexida* (de acentuación llana) sería femenina, en paralelo a *salida, venida* y otros sustantivos similares. Mi propuesta es que resucitemos esa palabra que otrora tuvo el español.

Me hace especial ilusión inventar una palabra, que es un fenómeno relativamente raro en el idioma. Técnicamente lo llaman creación léxica, o, más poéticamente, *onomaturgia*. Y se aplica cuando sabemos que alguien, con nombre y apellidos y en una fecha determinada, creó un término nuevo. Lo habitual es que las palabras nuevas no nazcan así, sino que se difundan a través del préstamo desde otras lenguas, o bien se formen desde raíces ya existentes a las que unir prefijos o terminaciones. Por otro lado, lo relevante para la historia de la lengua no es tanto crear una palabra como tener éxito con ella y que se difunda. De ahí que podamos aducir como ejemplos de creación léxica solo los casos en que la palabra ha tenido aceptación social y ha entrado en la lengua. Por ejemplo, *perogrullada* fue inventada por Quevedo; o *mileurista*, la palabra que una lectora de *El País* usó en 2005 dando curso a su empleo hasta hoy. *Brexida* es, pues, mi invención.

¿Estoy diciendo esto en serio? La verdad es que lo escribo con un poco de sorna, sí, pero con ciertas expectativas de que mi propuesta pueda arraigar. Nunca se sabe si lo que empieza como una broma puede difundirse y tener éxito. También nos parecía que el referéndum británico iba en broma y fijaos en cómo ha terminado la cosa. *El brexit* no me gusta nada y *la brexida* me cautiva, pero solo como palabra. Como proceso es una pena.

Palabras en Burgos: caciques y flores en Gamonal

Seguro que el lector recuerda las noticias sobre las revueltas que se produjeron en Burgos por la construcción de un bulevar de tráfico rodado en el barrio de El Gamonal. Al comenzar a remodelarse la calle principal del barrio para estrechar sus carriles de circulación y construir un aparcamiento subterráneo, los vecinos se manifestaron porque dudaban de las mejoras que prometía el proyecto, y sospechaban que existían en la obra intereses económicos ocultos ajenos al barrio. Los altercados violentos en que derivaron estas protestas vecinales fueron muy atendidos por los medios de comunicación y terminaron paralizando tan controvertido proyecto.

Un gamón es una 'planta liliácea, de flores blancas en espiga y hojas en forma de espada' (María Moliner, *Diccionario de uso del español*). El lector la habrá visto, y mucho, en el campo, donde crece silvestre. Pero antes también se cultivaban campos de gamones para dar de comer a animales. De ahí sale el nombre de *gamonal* ('conjunto de gamones') que tiene este barrio burgalés. Si buscamos datos antiguos en torno a la palabra *gamonal* encontramos un testimonio muy bonito en Gonzalo Correas. Con un sistema de escritura distinto al de su tiempo, muy «foneticista» (hablamos de él anteriormente en el capítulo sobre la K), Korreas explica en su libro sobre frases proverbiales estos refranes castellanos sobre gamones:

Año de gamones, trigo a montones.
El gamón barvado mira por el labrador onrrado.

(Aclara Correas: *El gamón es planta silvestre, ke se da kada año i es konozida, i kuando ai buen tenporal kreze más de vara i media; tiene las rraízes komo un manoxo de chorizos o rabillos*).

Es paradójico observar cómo el nombre de lugar nace motivado por lo que hay en ese sitio pero puede luego mantenerse, perdida ya su motivación. El terreno que en otro tiempo se llamó *gamonal* por abundancia de estas flores que hemos descrito, fue en 2014 el tablero urbano sobre el que el gobierno municipal burgalés planificó nuevos pastos para coches en forma de bulevar.

Y, por caprichos curiosos de la polisemia, *gamonal* es también en el español de América el 'cacique' y *gamonalismo* su forma de gobierno autoritaria, esto es, un sinónimo de *caciquismo*. Un autor americano del siglo XX (Ciro Alegría, en 1941) al hablar de una provincia del Perú señalaba: *La usurpación de los terrenos de comunidades por el gamonalismo ha sido más desvergonzada que en ninguna otra parte.*

Que Gamonal sea, pues, ejemplo contra los gamonalismos de hoy.

Palabras en Sevilla: la escisión lingüística

Llamas *zapatero* a la *libélula* y *chaleco* al *jersey*. Preguntas *ustedes a qué hora os vais* y andas *ligero* y no *rápido* cuando tienes prisa. Cuando tienes *fatiga* no es que estés cansado, es que vas a vomitar. Dices que alguien tiene los ojos *celestes* y no *azules*. Tus camisas son de *listas* y no de *rayas*. Sabes lo que es una *bulla* y escabullirte de ese gentío siendo gordo o *canijo*, que no *delgado*. Cuando alguien se mancha dices que *se ha llenado* y cuando se te rompe algo, en general, se te *ha partido*. Puedes escribir *cereza* o *sesión* pero lo vas a pronunciar con un solo sonido porque eres seseante (*seresa*) o ceceante (*ceción*). Sabes que *alubias* es lo que pone en el paquete de *chícharos* que compras en el súper, has oído en tu casa llamar *resbaladera* al tobogán y *damasco* al albaricoque. Alguna vez de *chico* y no de *pequeño* miraste hipnotizado la Giralda y ahora casi no te sorprende verla en tu horizonte diario.

Abrazando los tipismos a veces, otras dándoles la espalda. No eres el de los *quillos* y *arsas* que imitan en la tele para irritación tuya. Sabes que nadie en Sevilla se viste *de faralaes* sino *de flamenca*. Pero has pasado por la calle más estrecha de Sevilla que es, precisamente, la calle Aire; allí vivió el poeta Luis Cernuda la asfixia de su última etapa sevillana. Sabes que en su libro *Ocnos* (1942) Cernuda recordó a Sevilla desde el exilio como un edén perdido, y que ese paraíso que disfrutas como ciudad es a veces la prisión de la que desearías escaparte de inmediato.

Y haces todo eso porque eres de Sevilla. Como yo también lo hago. La ciudad que amo con el entusiasmo tal vez provinciano de quienes vivimos aquí. A un tiempo admirando las grandezas individuales de sus habitantes, otras veces soñando como Abel Infanzón, el apócrifo creado por Antonio Machado, con una Sevilla sin sevillanos:

¡Oh maravilla,
Sevilla sin sevillanos.
La gran Sevilla! [...]
Sevilla y su verde orilla,
sin toreros ni gitanos
Sevilla sin sevillanos,
¡oh maravilla!

Pero siempre, como el lector si es de Sevilla, tengo a la ciudad enfrente y a sus palabras en mi entorno, siempre está Sevilla frente a mí misma. Vuelvo a la plaza de San Lorenzo para mirar el campanario frente al que me crie y oigo desde arriba la lengua distinta de la decidida escisión lingüística sevillana.

Palabras en Ucrania: nuevos países, viejas definiciones

Lo tenían más fácil quienes, como yo, empezaron a estudiar Geografía en la época del telón de acero. Cuando aún existía la Europa comunista, en la asignatura de Sociales nos limpiábamos todo el mapa político del este de Europa poniendo en grandes mayúsculas URSS, o, si nos resultaba irritante esa sigla que agrupaba a un buen conjunto de repúblicas soviéticas, escribíamos *Rusia* y se acabó.

Pero la historia política cambia tanto como la historia de la lengua, y, de un curso a otro, hubo que rehacer los mapas políticos: en noviembre de 1989 cayó a fuerza de modernidad el Muro de Berlín, y con la caída del comunismo se empezaron a levantar nuevas fronteras dentro de la inmensa URSS.

Las alarmantes noticias que surgieron sobre Ucrania en la primavera de 2014 hacían temer una guerra civil entre partidarios y adversarios de unirse a Rusia. Y en esas semanas en que arrancó el conflicto, algún lector redescubrió la oportunidad geográfica de ese país al mismo tiempo que asistíamos a su moderno proceso de desestabilización.

Si *ucranio* y *ucraniano* están en el diccionario de la RAE desde el siglo XX (diccionarios de 1925 y 1984, respectivamente) resulta que Ucrania y Crimea dejaron su huella geográfica en la obra académica antes, ya en 1884, dentro de definiciones cuanto menos curiosas. *Cimerio* y *basterna* se definen así en el diccionario actual de la RAE:

▻ CIMERIO, RIA. adj. Dícese del individuo de un pueblo que moró largo tiempo en la margen oriental de la laguna Meótides o mar de Azof, y que, según presumen algunos, dio nombre a Crimea.

▻ BASTERNA. m. Individuo de un pueblo antiguo sármata que al norte de los montes Cárpatos y cerca de las fuentes del Vístula, ocupó sobre los ríos Dniéster y Dniéper el territorio donde hoy están Podolia y Ucrania.

Pueblos que *moran*, definiciones donde *presumen algunos*, menciones a *Podolia* (hoy región de Ucrania). Esto tiene el sabor de los diccionarios de otro tiempo, aunque sean definiciones que figuran todavía en el diccionario de la Academia.

El lector recordará aquella sensación escolar previa a Internet de tener en las enciclopedias y los diccionarios las fuentes de saber más amplias e insustituibles, y cómo algo de nuestras certezas se removía cuando los sentíamos desactualizados. Sentimos añoranza de esas definiciones enciclopédicas del siglo XIX, perpetuadas a veces por inercia o por casualidad hasta el diccionario de hoy. Seguramente resultan enmendables e inútiles, pero los diccionarios se humanizan con esas viejas alas de atlas y nos hacen redescubrir, sin esperarlo, la época en que escribir sobre lingüística era también, e inevitablemente, levantar la vista para mirar un poco más allá del propio horizonte.

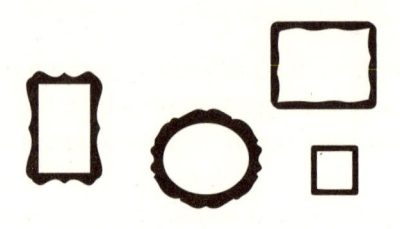

Palabras en Argentina: la mamá de Marco

En un pueblo italiano, al pie de la montaña, vive nuestro amigo Marco... ¿Pasó el lector las meriendas de su infancia viendo estos dibujos animados? ¡Cómo sufría el pobre Marco! Su madre lo dejaba en Italia con su padre y su inseparable mono Amedio y ella se marchaba a trabajar a Argentina. Luego las cartas comenzaban a faltar y Marco decidía embarcarse como un polizón hacia América en su busca. *De los Apeninos a los Andes* se subtitulaba esta serie de animación que nos acompañó en la niñez, y que hacía (a partir de un cuento de 1886, del escritor Edmundo de Amicis) un retrato de la migración de miles de europeos a Hispanoamérica en el siglo XIX.

En concreto, Argentina recibió entre el siglo XIX y el XX unos cuatro millones de migrados que mayoritariamente procedían de Italia. Esos italianos que llegaron a Buenos Aires y a zonas del litoral (Santa Fe, pero también Córdoba, Mendoza, Tucumán) dieron lugar a un curioso caso de lengua mixta; la mezcla del español con el italiano creó una modalidad lingüística híbrida, el *cocoliche*, donde se mezclaban léxico y estructuras morfosintácticas del italiano y del castellano:

> Amico don Vieco Pancho
> osté al borronear papel,
> aquí me ha fato in pastel
> que ni lo come ni el chancho.

La leyenda hace nacer el nombre de esta lengua a partir de uno de esos migrados que hablaban en mezcla, Antonio Cuccoliccio (que decía cosas como *Mi quiamo Franchisque Cocoliche e sono creolio hasta lo güese*). Pero el bilingüismo fue transitorio y el cocoliche terminó desapareciendo en el siglo XX. Fue una lengua efímera.

Pero que gente como la madre de Marco migrase a Argentina sí tuvo consecuencias duraderas para el español de allí. Los italianismos léxicos que aparecen en el español austral (Argentina, Uruguay, Paraguay) provienen de esa masa de migrados: *grapa* para 'aguardiente', *valija* para 'maleta', *bagayo* para 'paquete' o *laburo* para 'trabajo', entre otros.

Y esta es solo una parte de los muchos italianismos del español. Otros los tenemos todos los hispanohablantes, de un lado del Atlántico o de otro, porque entraron en el idioma en la Edad Media o los Siglos de Oro: *balcón, banca, capitán, capricho, caricatura, centinela, fachada, festejar, novela, payaso, pedante, piano*... Igual que la madre de Marco, pero con menos dramatismo y llanto por medio, las palabras se van de un lado, migran, y al mismo tiempo se quedan en la lengua de la que salen.

Palabras en Perú: de la época colonial al escribidor

Un viaje de ida a Perú en el siglo XVI nos hubiera llevado al Virreinato del Perú, ancho territorio dependiente de España que ocupaba lo que hoy es Perú, Ecuador, Bolivia y parte de Chile. En ese viaje habríamos constatado el uso del español entre criollos y dirigentes procedentes de la metrópoli y el empleo indígena del quechua. En un viaje a Perú de ida llegó la lengua española, que ganó hablantes en detrimento de la lengua indígena, aunque sin hacerla desaparecer de la zona andina, como sí ocurrió con muchas otras lenguas precolombinas hoy perdidas.

Curiosamente, tras independizarse las colonias de España en el siglo XIX, las lenguas indoamericanas no resultaron favorecidas sino que perdieron hablantes, ya que los nuevos estados americanos consideraron que el plurilingüismo podía ser un freno para el progreso nacional. Las nuevas repúblicas independientes tenían mayoritariamente una población que no hablaba español, aunque sus dirigentes, criollos blancos, sí lo hablasen; por eso, en los siglos XIX y XX se llevaron a cabo campañas de castellanización, de modo que la verdadera difusión del español en el Nuevo Mundo se produjo —paradójicamente— cuando América se emancipó de la metrópoli.

Los viajes de vuelta desde Perú hicieron que quienes regresaban de América cubiertos de fortuna fueran llamados *peruleros*, y que *valiera un Perú* o *un Potosí* (mina de plata sita en Bolivia) lo que importaba mucho. Del quechua llegaron al español palabras como:

- *Cancha*, un espacio llano, normalmente se usa en el ámbito de los deportes, y más en América que en España, donde seguimos diciendo *campo* en muchos casos.
- *Caucho*, el natural es una especie de látex que brota de la savia de varias especies de plantas; con el sintético se hacen desde ruedas a gomas de borrar.
- *Chirimoya*, ahora España es la primera productora mundial de chirimoya, pero antes de la llegada a América no la conocíamos.
- *Pampa*, palabra que no solo se usa para llamar a la conocida llanura de Argentina, también se emplea en territorio americano para nombrar a cualquier pequeña planicie entre montañas.
- *Papa*, que por una confusión con el nombre de la *batata* se hizo la *patata* que hoy conocemos.
- O *puma*, entre otras.

Y de Perú nos ha venido el último Nobel de habla hispana, Mario Vargas Llosa, que se suma a la decena de escritores en español ya galardonados desde José Echegaray en 1904 a Octavio Paz en 1990. Por cierto, *La tía Julia y el escribidor* es una divertidísima novela medio autobiográfica de Vargas Llosa, perfecta para leer en un trayecto trasatlántico de ida (o vuelta) al Perú.

Palabras de Japón y gente de Japón

El terremoto en Sendai el 11 de marzo de 2011 cambió la historia de Japón para siempre. Magnitud de 9 grados, duración de 6 minutos, explosión de la central nuclear de Fukushima y una de las peores tragedias naturales de este siglo XXI aún tan joven.

En las próximas líneas el lector va a ver salir el sol por el Extremo Oriente porque nos vamos a ocupar de Japón en la Historia del español. *El Japón*, como se llamaba a este territorio en los libros antiguos, se vinculó a través de misioneros y comerciantes con América; con las Filipinas como punto intermedio de apoyo y el puerto mexicano de Acapulco como horizonte, entonces español, de llegada en el Pacífico, España logró establecer ciertas vías constantes de comercio con Japón, aunque nunca llegó a superar la fortaleza de Portugal en el comercio con esa zona.

Por esa razón, desde el siglo XVII podemos documentar algunos *japonesismos* venidos desde allí. Aparecen en registros de navíos, en testamentos americanos e incluso en una obra de 1618 de Lope de Vega, el *Triunfo de la fe en los reinos del Japón*, un texto sobre mártires.

Así, de esa época antigua tenemos la palabra *biombo* (también venida de una lengua intermediaria, el portugués, desde el japonés *byó*, 'protección' + *bu*, 'viento'), que el primer diccionario publicado por la Real Academia Española (1726-1739, *Diccionario de Autoridades*) incluyó con esta definición:

Especie de mampára hecha de tela, ò papel pintado de colores, que sostenida de bastidores unidos por medio de los goznes, se cierra, abre y despliega, segun la necessidad. Su uso es para atajar las salas grandes, defenderlas del aire, y para cubrir y esconder las camas y otras cosas que no se quieren tener expuestas. Es alhája que nos vino modernamente de la China, o Japon, y con ella el nombre.

También incluía ese diccionario *catán* para lo que hoy llamamos *katana* y desde fines del siglo XIX trajo también el japonesismo *maque*, un tipo de barniz ('zumaque del Japón' era llamado también) que se usaba para embellecer los muebles y se consideraba más caro y bueno que el charol (también venido de Oriente, pero no de Japón sino de China). Ese *maque* salía de Japón y gracias al galeón de Manila o al de Acapulco, se distribuía por América y por España. En Sevilla, el puerto desde el que se recibía en España esa sustancia, hoy se dice *maquearse* (*va maqueado, me he maqueado*) con el valor de 'arreglarse y componerse para estar guapo'.

Otros japonesismos son recientes y más bien indirectos: palabras que designan realidades materiales o hábitos típicos de ese país que han llegado a España (normalmente después de haberse extendido antes en Estados Unidos y en Europa): *aikido*, *bonsái*, *karaoke*, *sumo*, *yudo*...

Por cierto, el *Diccionario panhispánico de dudas* de la RAE nos recomienda esto sobre algunos japonesismos:
- Escribir *samurái* y *bonsái* con tilde y con *i* latina; escribir *haraquiri* con *qu-*.
- Evitar la escritura de *judo*, que es influencia inglesa, y poner *yudo*, que se adapta a la fonética del español mejor; igualmente, usar *yudoca*.
- Aceptar el uso de *soja* y de *soya*, esta grafía refleja la pronunciación más extendida en América para el nombre de la salsa.
- También vemos que la palabra japonesa *tsunami* se ha introducido en la última edición (23.ª, año 2014) del *DRAE*,

en español antes se usaba solo *maremoto*. También se ha introducido *sudoku*.

Pero tal vez la huella más llamativa de Japón en el español peninsular está en el apellido *Japón* que tienen hoy muchos habitantes de Coria del Río, localidad de Sevilla. Desde Sendai partió en 1614 Hasekura Rokuemon Tsunenaga en una expedición que pretendía poner en contacto a la cristiandad japonesa con la occidental y entablar relaciones comerciales con otros países. La ruta de Hasekura incluyó a América antes de recorrer las cortes europeas (en la española se entrevistó con Felipe III). A la vuelta de Hasekura a Japón su comitiva había aminorado, y es que algunos de esos cristianos japoneses que viajaban con él se habían establecido en el sur de España huyendo de la persecución religiosa de su lugar de origen. Los registros bautismales corianos del siglo XVII muestran cómo los complejos apellidos de esos japoneses de origen fueron directamente redenominados *Japón*. Y *japones* hay hoy muchos por Coria y por Sevilla, más de medio centener de personas están censadas con el apellido Japón en Sevilla, aunque ya ningún rasgo físico los identifica con el lejano oriente del que proceden.

Los textos

De los primeros que se equivocaron
escribiendo castellano cuando querían escribir latín,
a las tempranas muestras de literatura en la nueva lengua:
las andanzas del español por el mundo
y por el tiempo a través de sus escritos

La diosa de las primeras palabras

Hace más de 2500 años, tal vez en el siglo VII a.c., alguien en Sevilla se arrodilló ante esta figura de mujer y le dio las gracias por haberle cumplido una petición. Se trata de la representación de la diosa fenicia Astarté encontrada en el área de El Carambolo (Camas, Sevilla), hoy preservada en el Museo Arqueológico de Sevilla. En la peana de esta diosa sedente de la fecundidad aparece un mensaje en alfabeto fenicio. Es una inscripción particularmente interesante porque puede tratarse del primer escrito que tenemos en la Península Ibérica. Es este texto, que presento aquí pasado ya al alfabeto latino:

.ᵒᵒz p'l b'lytn
bn d'mlk w'bdb'l b
n d'mlk bn yšᵒl l
'štrt Hrr(h) tn k
šm> ql d(br)nm

y que ha sido traducido al español como:

Este (voto) ha hecho Baalytn hijo de D'mlk y Abdabaal hijo de D'mlk hijo de Yš'l para 'Aštarté de la colina ya que ha escuchado la voz de sus plegarias.

En el año 218 a.C. los romanos llegaron a la Península y fueron extendiendo el latín gradualmente. ¿Qué se hablaba antes de ellos? Esta escultura nos lo testimonia. El fenicio que vemos aquí escrito era una de las varias lenguas que se usaban, en concreto, el fenicio vino a la costa mediterránea a través del comercio colonial; igual fue el caso del griego. Y estas lenguas de colonización convivieron con lenguas prerromanas vernáculas, propias de la Península Ibérica, que llamamos *lenguas paleohispánicas*; son el ibérico, el tartésico-turdetano, el celta y el vasco. La lengua fenicia terminó desapareciendo de la Península, aunque aún en época romana podían encontrarse inscripciones latinas con nombres fenicios de personas. También desaparecieron las otras lenguas prerromanas, y solo el vasco se conservó. De esa etapa prerromana tenemos pocos testimonios escritos, y este es seguramente el más antiguo.

La escritura es siempre posterior y secundaria a lo hablado, y en ella hay una finalidad memorialística, de recordar y dejar rastro seguro de algo que se pensó y dijo oralmente primero. Más allá del texto que sostiene, esta figura es también la representación del anhelo de quien encamina una oración en la esperanza de ser oído y la agradece materialmente; y podemos entender que ese símbolo aún está vivo, por eso, si el lector que lee estas páginas desea susurrar una plegaria a una diosa distinta de las consagradas por las religiones actuales, puede perseguir el aliento que todavía quede en el bronce de esta mujer desnuda, encajado dentro del vidrio de un museo, y dirigirlo en dirección al espacio donde su esperanza se arrebuja, añadiendo un texto (el suyo) al primer texto de la Península.

La historia de la lengua en los límites

Cuando hablamos de historia, estamos muchas veces hablando de fronteras. Al explicar el devenir de una lengua, no solo hablamos de cómo cambia ella *por dentro*, en sus sonidos, sus palabras o sus estructuras, sino también en cómo cambia *por fuera*, en su extensión por el territorio y su número de hablantes. Estas son algunas de las fronteras que levantamos al hablar de la historia del español: primero vemos una Península Ibérica fragmentada en distintas lenguas prerromanas, sin unidad lingüística; luego, en un proceso que se inicia en el 218 a.C. observamos cómo la Península se unifica lingüísticamente con la extensión del latín, lo que la vincula al largo Imperio romano y a su amplio territorio de unidad cultural. Pero incluso en esa época afinamos un poco más y trazamos fronteras dentro de Hispania, ya que observamos cómo la implantación del latín pudo ser más rápida y profunda en las provincias romanas de la costa mediterránea que en las del interior o la fachada atlántica, hoy Portugal. Luego hablamos de otros límites, los que separaron a partir del siglo v a suevos y godos, o a partir del siglo VIII a árabes y a no árabes, o a partir del siglo IX a los del Reino de León y a los del Reino del Castilla...

Más que redibujar las demarcaciones en los mapas, de las fronteras nos interesan sus efectos para los hablantes de una lengua. No siempre los límites administrativos coinciden con los lingüísticos. Dos territorios distintos administrativamente pueden compartir lengua: el lector puede pensar en los países hispanoamericanos que tienen una lengua común, el español. Igualmente, un mismo territorio administrativo puede no tener la misma lengua, o compartirla, pero con rasgos dialectales distintos. Por ejemplo, el castellano que se hablaba en Castilla no era homogéneo y presentaba diferencias, como muestran los textos medievales de Burgos, Palencia o Toledo si los comparamos entre sí.

La frontera nos plantea otras cuestiones también: ¿qué hay al otro lado?, ¿queremos cruzar el límite? Inevitablemente, nuestra forma de contar la historia adopta la perspectiva del que está «a este lado» de la frontera. Hablamos, por ejemplo, de «invasiones bárbaras» para dar nombre a la extensión de los pueblos germanos dentro de las fronteras del Imperio Romano; pero en alemán ese proceso se llama *Völkerwanderung*, esto es, 'migración de los pueblos', naturalizando ese movimiento que a los romanos les pareció asaltante.

Este libro trata de historia del español, claro. Pero hay otras historias que se podrían contar desde el otro lado de la frontera. El poema del griego K. Kavafis (1863-1933) «Esperando a los bárbaros» nos revela que hemos necesitado históricamente a los bárbaros y a las fronteras:

> *Porque se hizo de noche y los bárbaros no llegaron.*
> *Algunos han venido de las fronteras*
> *y contado que los bárbaros no existen.*
> *¿Y qué va a ser de nosotros ahora sin bárbaros?*
> *Esta gente, al fin y al cabo, era una solución.*

No te empeñes

No te empeñes, no luches porque tú solo no puedes. Si perteneces a una institución prestigiosa, o puedes pontificar desde un medio de comunicación masivo, tal vez consigas cierto eco social. A lo mejor puedes crear un grupo de Facebook y empezar a generar tendencia, pero... no te empeñes, no luches, porque tú solo no puedes frenar un cambio lingüístico.

En su libro *Lenguaje y soledad* (1998), Ernest Gellner acuñó el sintagma *el dilema de los Habsburgo*, con el que se refería al hecho de que una cultura o un sistema social se defiende con más ruido y esfuerzo cuando justamente ya está llamado a morir. Lo aplicó a la casa real de los Habsburgo, que perdió poco a poco cada una de las monarquías en que reinaba. Fue el caso de la española en 1700, a la muerte de Carlos II el Hechizado, que dio paso a la casa real de los Borbones.

Esa defensa esforzada de algo que está ya en trance de desaparecer, ese dilema de los Habsburgo, lo podríamos aplicar también al anónimo autor del *Appendix Probi*. ¿Qué es eso de *Appendix Probi*? En español lo podríamos traducir como «el apéndice de Probo»; es una lista de faltas que ese alguien anónimo incorporó como suplemento a la obra de gramática de Probo. Posiblemente data del siglo v o del vi d.C. La estructura del apéndice es muy básica: el autor (no conocido) nos dice cuál es la forma correcta de una palabra y rechaza (escribiéndola también) la forma incorrecta que parece haberse extendido en su tiempo. A través de las formas que se condenan en el *Appendix* podemos saber cómo estaba discurriendo la evolución del llamado latín vulgar entre los siglos v-vi y qué cambios estaban en curso.

Cuando el autor del *Appendix* escribe NUMQUAM, NON NUMQUA nos está revelando que en el latín de su época se perdía la *-m* final. Al denunciar que hay que decir STABULUM, NON STABLUM, nos documenta que había quien no pronunciaba esa *u* interior, igualmente se conmina a decir VINEA, NON VINIA y así en una larga lista de formas. Pero nosotros sabemos que pese a su intento... decimos *nunca* (y no *nuncam*), decimos *establo* (y no *estábulo*) y decimos *viña* con una *ñ* nacida de esa *i* que censuraba el autor del *Appendix*.

Voluntarioso y esforzado, el autor del *Appendix Probi* seguramente se enfadaba mucho al oír a sus conciudadanos perdiendo terminaciones, elidiendo vocales o dejando que se perdiera el sistema de casos... pero su empeño por defender un cambio lingüístico tan generalizado fue vano. Los cambios lingüísticos empiezan siendo innovaciones que hace un hablante o grupo de hablantes pero la clave en el proceso no es que se haga *algo* nuevo, sino que ese *algo* se difunda, se propague y vaya creciendo en aceptación.

Muchos de los cambios lingüísticos son iniciados por los sectores más incultos de la sociedad, que están menos condicionados por la escuela, por la forma de escribir de las palabras o por los patrones de corrección. Así son los cambios propios del latín vulgar que denunciaba el autor de este *Appendix*, que, como ve el lector, terminaron triunfando. Es una demostración de que en la lengua no pueden gobernar ni un particular solo ni una institución sola: la victoria siempre depende de que los hablantes, en su uso, quieran o no hacer algo.

Decir en español *me se ha caído* es una variante en el orden de colocación de los pronombres que nunca ha triunfado, nació en esos sectores poco cultos y nunca ha llegado a considerarse correcta o estándar; pero, en cambio, sí han salido vencedoras otras formas que fueron rechazadas por los gramáticos o por las normas de la Real Academia Española y han terminado imponiéndose, como el uso de *a por* (*ir a por pan*) que se condenaba hasta hace poco en los libros de estilo.

Si construyésemos nuestro propio *Appendix Probi del siglo XXI* aparecerían mandatos como el rechazo a los anglicismos:

- correo non mail
- bitácora non blog
- panceta non bacon
- ir de compras non ir de shopping
- magdalena non muffin

o la condena a formas regulares que suplantan a las tradicionales irregulares:

- anduve non andé
- somos seis non habemos seis

Estas formas saldrán o no victoriosas, según lo quiera la masa de hablantes del español. Si el autor del *Appendix* hubiera sido atendido por los hablantes de latín de su tiempo, seguiríamos hablando latín, non español.

El valor de lo pequeño

Tienen madre, y normalmente, hermanos. Pero no tienen fecha de nacimiento. Ninguna lengua nació un día exacto que podamos fijar en el calendario. El español es hijo del latín y hermano de otras lenguas romances como el catalán, el gallego, el rumano o el francés, entre otros. De ninguno de ellos sabemos cuándo empezó a ser un romance y dejó de ser latín. Tenemos los textos, que nos orientan según el volumen de cambios que tengan respecto al latín. Si leemos un latín con demasiados errores, podemos hablar de una lengua distinta, diferente a la lengua madre y capaz de ser denominada ya con un nombre nuevo. Influye también la propia conciencia de los hablantes, que a veces llaman a una lengua con una denominación distinta si ven que empieza a ser diferente de aquella de la que procede. Pero eso no siempre ocurre: el griego de Homero se llama griego y el griego de hoy mantiene ese nombre (aunque se adjetive distinto: *griego moderno*, decimos); si hiciésemos lo propio y mantuviésemos el nombre, en nuestro caso tendríamos el latín de Virgilio y... el latín de hoy.

Dejar de ser latín y comenzar a ser romance es un proceso que se plasma desde el siglo IX en Occidente a través de unos textos muy especiales, textos cortos, a menudo con propósito privado, que dejan filtrar el habla vulgar tan distinta ya de la latinidad: una notita que un monje leonés escribió revisando el número de quesos que quedaba en la despensa común y cuántos se había llevado cada compañero (la *Nodizia de kesos*, que

EL VALOR DE LO PEQUEÑO 193

veremos en el capítulo siguiente), la aclaración a las palabras no entendidas en un texto latino (las *Glosas*), una frase pintada en la iglesia de San Clemente de Roma para ilustrar un fresco de martirio o una adivinanza copiada en los márgenes de un códice: el *Indovinello veronese*, muestra temprana de italiano veronés. ¿Resuelve el lector la adivinanza veronesa? Aquí la tiene en versión original y traducida al español

Se pareba boves,	Ante sí guiaba a los bueyes,
alba pratàlia aràba,	araba un prado blanco,
et albo versorio teneba	tenía un arado blanco
et negro semen seminaba	y sembraba una semilla negra

Solución:

La pluma, que guía a los dedos (bueyes), tiene ante sí la hoja en blanco (prado) y la llena de tinta (semilla) negra.

Son microtextos muy reveladores, que contrastan con la grandilocuencia con que periódicamente celebramos los aniversarios de publicación de las grandes obras de nuestra literatura. Estas muestras esquinadas de romance temprano nos testimonian lo significativo que puede ser lo pequeño. El menor de los textos puede ser el más importante de nuestras historias sobre el español.

Pelea por unos quesos

A mí me hacen gracia esas historias de rivalidades entre pueblos en las que se cuenta cómo los de un pueblo van a otro a robar el santo y a echarlo al pilón, o lanzan infundios sobre la moralidad de las mozas vecinas o se enzarzan en competiciones de caza, pesca, paella o lanzamiento de melones.

El caso es que esos relatos palidecen y pierden todo interés al lado de esta historia sobre el español: dos pueblos leoneses (Chozas de Abajo y Ardón) están en lucha últimamente por atribuirse la propiedad de un papelito en que alguien hizo la lista de los quesos de una despensa.

¿Cómo?
¿A quién le importa ese papelucho?

Detalle que aclara el conflicto: el documento es del siglo x. Fue escrito al dorso de un testamento; hoy se guarda en el Archivo de la Catedral de León, aunque procede del monasterio leonés de Rozuela, ya desaparecido, sobre cuyo emplazamiento esos dos pueblos leoneses rivalizan para poder arrimar a su linde el hallazgo.

La *Nodizia de kesos* es un texto muy corto, en que un fraile relaciona lo que se ha gastado en la despensa:

> Nodicia de kesos que espisit frater Semeno: In Labore de fratres In ilo bacelare de cirka Sancte Iuste, kesos U; In ilo alio de apate,

II kesos; en que[e]puseron ogano, kesos IIII; In ilo de Kastrelo, I; In Ila uinia Maiore...

O sea... Relación de los quesos que gastó el hermano Jimeno: En el trabajo de los frailes, en el viñedo de cerca de San Justo, cinco quesos. En el otro del abad, dos quesos. En el que pusieron este año, cuatro quesos. En el de Castrillo, uno. En la viña mayor...

El texto está incompleto, y, como ve el lector, tiene algunas palabras que hoy nos parecen extrañas como *bacelar* ('viñedo, parrado'). La *Nodicia de kesos* se ha considerado el primer texto escrito en leonés, aunque, como ocurre con todos los textos tempranos, nunca podemos determinar si hay otros anteriores a él o si realmente estamos ante romance o latín inexperto.

Dámaso Alonso, al describir los testimonios que se tienen como las primeras muestras de romance en francés (los *Juramentos de Estrasburgo*, la alianza entre un rey franco y otro germano), en italiano (los documentos de Montecassino) y en castellano (las *Glosas*, hechas sobre un documento religioso), afirmaba: «Se diría que está presagiando el carácter de esas tres grandes culturas»... esto es, la vocación política europeísta de Francia, el desarrollo jurídico italiano y el fervor religioso español. Problemático sería ahora hacer entrar a la *Nodizia* como muestra primeriza de nuestra cultura hispánica, cambiándole el hábito de beata a zampona.

El viaje de unas glosas

En 1878, un librero de París saca a subasta una colección de cincuenta y cinco manuscritos procedentes de un monasterio español, Santo Domingo de Silos. La desamortización (o paso a propiedad del Estado, y no de la Iglesia) del monasterio burgalés había desencadenado su expolio y la salida de estas valiosas piezas. El poeta parnasiano Leconte de Lisle, bibliotecario estatal, asesora al gobierno francés para que adquiera alguna de las obras, otras son compradas por el estado británico y se embarcan al Reino Unido para ser guardadas en la British Library. Desde 1878 el códice de Santo Domingo de Silos que contiene las llamadas *Glosas Silenses*, ese testimonio temprano de romance, posiblemente del siglo XI, está en Londres. La primera vez que ese códice volvió de Londres a España fue en 1992, cuando las *Glosas* se llevaron a Sevilla para ser exhibidas en el Pabellón de Castilla y León de la Exposición Universal.

Unas cosas se van, otras vienen. En 1880, el monasterio se recupera como enclave religioso benedictino y los monjes plantan un ciprés en el patio del claustro; el árbol se convierte en símbolo del lugar al dedicarle el poeta Gerardo Diego en 1924 su famoso soneto:

Enhiesto surtidor de sombra y sueño
que acongojas el cielo con tu lanza.
Chorro que a las estrellas casi alcanza
devanado a sí mismo en loco empeño...

Este recorrido geográfico de Burgos a París, de París a Londres, de Londres a Sevilla y de nuevo a Londres nos ilustra de los avatares por los que puede atravesar un documento antiguo. Afortunadamente, este periplo no ha extraviado el manuscrito de las *Glosas Silenses*, otro de esos «textos pequeños» de los que hablábamos antes.

Cuando leemos un texto en una lengua que no es la nuestra, podemos tirar de diccionario y anotar en los márgenes o en el interlineado del texto extranjero la traducción de lo que no entendemos. Si eso lo hiciera el lector, ¿anotaría la traducción en español o en la propia lengua en que se escribe el texto? Seguramente en español, ¿verdad?

Los textos medievales abundaban en anotaciones de ese tipo, a veces eran aclaraciones de tipo lingüístico, pero también había anotaciones culturales, de tipo enciclopédico. Los textos eran tan importantes como sus notas, tanto, que se solía copiar un texto incluyendo sus notas y a veces se copiaban solo las notas (son los *glosarios*). Nos interesan las *Glosas Silenses*, y sus hermanas mayores, las *Emilianenses* (más antiguas y extensas), porque anotan un texto latino poniendo en los márgenes palabras latinas pero también palabras en castellano (en el caso de las *Emilianenses*, hay incluso alguna glosa en vasco). Lee el anónimo glosador en el texto HABEAT y glosa *aya*, lee PUDORIS y anota *de la vergoina* ('de la vergüenza') y nos va dando pistas de que no entiende el latín y necesita ayudarse de su variedad romance hablada. El romance había iniciado ya un viaje de ida a partir de la lengua madre.

A caballo y hablando por el móvil

Conservamos 3733 versos del *Poema de Mio Cid*, al que tenemos por uno de los grandes monumentos literarios del castellano y el símbolo de una decisión: la de escribir literatura en romance. La obra se guarda incompleta, se nos han perdido páginas del inicio, pero fortuitamente ello nos ha llevado a dar como versos iniciales una frase tan profundamente poética como

> De los sos ojos tan fuertemientre lorando
> tornava la cabeça e estavalos catando.

El Cid, héroe épico, deja sus casas y su tierra pero antes de hacer galopar a su caballo vuelve la cabeza y mira lo que pierde por el destierro a que está condenado.

Es la clásica obra que leemos, completa o por fragmentos, en Enseñanza Secundaria. Existen en el mercado muchas ediciones adaptadas de este libro, pero hay también una muy particular: *¡Mio Cid!* de A. Orejudo, L. Martín y R. Reig, publicado en 2007 por la editorial 451.

En ella, el Cid es... otro cantar. Pasado a prosa, modernizado, lleno de humor e irreverencia, leemos esta obra en español actualísimo tres historias sobre un Mio Cid que parte no al destierro, sino a la conquista de las galaxias o que asiste al proceso por la afrenta a sus hijas como si de una película de juicios se tratase. No sé si D. Ramón Menéndez Pidal, primer gran estudioso del Cid, se escandalizaría o se divertiría al leer este libro que empieza así:

Rodrigo volvió la cabeza y con lágrimas en los ojos miró su casa por última vez. Vio las puertas con el dispositivo de seguridad desconectado y las antenas parabólicas sin cables coaxiales. Hacía esfuerzos por ser positivo, pero los presagios no le ayudaban: a la salida de Vivar se le había cruzado una corneja eléctrica por la derecha y luego, entrando en Burgos, otra por la izquierda. [...] nadie le abría la puerta. Ni siquiera el Parador Nacional. Y eso que sus hombres llamaron a voces.

No podemos imaginarnos al héroe Rodrigo montado a caballo y hablando por el móvil. Nuestra representación del héroe está inspirada más bien por las estatuas del Cid que hay en diferentes ciudades del mundo. Sevilla, Valencia, Nueva York, Buenos Aires, California... tienen en común el exhibir todas ellas en alguna de sus calles o museos una estatua del Cid donada a principios del siglo XX por Anna Huntington (1876-1973), escultora casada con el filántropo millonario Archer Milton Huntington, fundador (1904) de la Hispanic Society of America de Nueva York. ¡Rodrigo Díaz de Vivar campando por Estados Unidos! Los Huntington, cautivados por la cultura hispánica, no solo invirtieron en crear un organismo que la fomentase sino que regalaron esculturas de motivos ibéricos a ciudades de su continente. El viejo caballero medieval se representa en ellas victorioso, espada en mano. Pero no olvidemos que su mayor victoria fue alimentar el primer poema castellano que hayamos conservado.

Sabio pero burro

Alfonso X el Sabio reinó de 1252 a 1284. Si comparamos su apodo con el de su padre, Fernando III el Santo, y con el de su hijo, Sancho IV el Bravo, obtenemos información inmediata de cuál de esos tres reyes del siglo XIII fue el más culto e interesado por las letras.

Lo llamamos *el Sabio* por sus aciertos en la dirección cultural de un reino cuya lengua el rey se encargó de extender a nuevos tipos de textos: Alfonso X se rodeó en la corte de sabios conocedores de la tradición cultural judía, la árabe y la latina y los puso a traducir de otras lenguas libros de astronomía y ciencia y a pasarlos al castellano. También propició la escritura en castellano de obras legislativas y de crónicas históricas que siguieron copiándose y utilizándose durante toda la Edad Media. Este apoyo al romance se puso de manifiesto ya en la corte del padre de Alfonso, Fernando III, con quien muchos de los escritos administrativos salidos de la disposición regia se comenzaron a redactar en castellano. Pero con Alfonso el impulso al castellano es aún más decidido, pues al final de su reinado tenemos ya un corpus de obras *alfonsíes* (aunque el rey en ellas no es tanto autor como patrocinador o revisor) que legitiman el uso del romance en dominios hasta entonces celosamente reservados al latín. Como monarca, erró en su fracasada insistencia para convertirse en emperador del Sacro Imperio Romano Germánico y terminó su reinado en cruenta batalla con su propio hijo.

Alfonso X tuvo su corte en Sevilla largo tiempo y está de hecho enterrado en la catedral de esta ciudad. Sevilla, en corto tributo a sus logros, escogió para agasajarlo una pequeña calle esquinada en el centro de la ciudad. La antigua calle Burro fue rebautizada como calle «Don Alonso el Sabio» en homenaje a este rey, aunque asimilando el grupo /lf/ de su nombre en /l/: *Alonso* como preciosa y legítima variante fonética del nombre de origen germánico Alfonso.

La calle *Don Alonso el Sabio* de Sevilla linda, por esas curiosidades aleatorias de los nombres y los mapas, con la calle Pérez Galdós. Y como antes se llamaba *Burro* pusieron una placa que decía:

> Don Alfonso el sabio
> antes burro

El chiste estaba bien servido, y la placa estuvo durante años puesta en el principio de esa calle, imaginando a un rey que solo al ilustrarse rodeándose de sabios europeos y traductores de hebreo, latín y árabe en su corte abandonó su previo estado animal de pollino. Involuntariamente, se terminó pregonando en el nomenclátor que el gran sabio era, antes de serlo, un mero burro.

Leer con cuchillo y tenedor

Hay muchas maneras de destruir un libro. Puede romperse a fuerza de manos, como en una famosa imagen que se difundió en 1996: en ella, Marcel Reich-Ranicki, destacado crítico literario alemán, rompía literalmente en dos la obra del novelista Günter Grass *Es cuento largo*.

Un método clásico es quemar el libro al fuego. Así se hizo con los libros de don Enrique de Villena, un interesante intelectual del primer tercio del siglo XV. Para la historia de la lengua, nos interesa Villena por ser uno de los pioneros en la introducción de cultismos desde el latín y la copia de estructuras de la lengua madre, según fue tendencia común en muchos escritores del XV. Entroncado con la familia real de los Trastámara, se formó en la corte valenciana, se desplazó a la castellana y se casó con María de Albornoz. Aquí las crónicas de la época empiezan a ser oscuras al hablar de él: ¿tenía el rey Enrique III de Castilla relaciones con la esposa de Villena a sabiendas de este? Dado que el maestrazgo de Calatrava obligaba a su portador a ser soltero, ¿obtuvo Villena ese título a cambio de su silencio y la nulidad de su matrimonio? Este episodio de la vida de Enrique de Villena, su defenestración posterior y su dedicación a la astrología, la medicina y la teología hicieron crecer la leyenda, y su fama póstuma se fue haciendo más oscura con el correr de los siglos: se afirmó que el diablo le había enseñado brujería y terminó siendo llamado «El nigromante» o «El brujo» por las crónicas y las novelas posteriores.

Villena muere en 1434 y el rey Juan II manda inmediatamente requisar y expurgar su biblioteca. El obispo Lope de Barrientos se encarga de seleccionar los libros aprobados, que pasaron a formar parte de las bibliotecas reales, y de quemar los libros peligrosos. Sin duda, Cervantes tenía los libros quemados de Villena en la cabeza cuando escribió el famoso episodio del *donoso escrutinio* de los libros de Quijote, en que el cura y el barbero del pueblo mandan quemar todas las novelas de caballería del pobre manchego. Los libros pueden también romperse con cuchillos. Pero es más útil usar estos para cortar la carne, como nos enseñó el propio Enrique de Villena en su *Arte çisoria*, un tratado sobre cómo disponer la mesa y cómo cortar (*cisoria*, de SCINDO, SCIDI, SCISSUM 'cortar') la comida, una exposición sobre mecánica y protocolo de la que extraigo este fragmento:

[El cortador] descubra la vianda e taje de aquello que fuere mejor o que sabe que será más plazible al Rey o que le demandare [...]; poniendo aquella vianda que cortar quiere en otro platel llano, dexándolo al cubierto, como primero estava; limpie a menudo los cuchillos con que cortare, antes que en ellos cargue o paresca vianda o grosura della, guardándose quanto pudiere de llegar a la bianda con las manos.

Un libro se puede estropear por el uso, desmadejado de abrirse en las fotocopiadoras, o por el desuso: decenas de libros transidos de humedad, arrinconados en cualquier cuarto. Para los historiadores del español, los libros son nuestros testimonios del pasado; destruirlos por acción u omisión es asesinar a un hablante con cuchillo, al fuego o a golpes.

La multiplicación de los impresores

En 1470, el monje Werner Rolewinck terminó su crónica universal *Fasciculus Temporum* describiendo algunos hechos que ocurrieron en torno a la década de 1460, y ahí deslizó esta frase haciendo alusión al nuevo invento de la imprenta:

> «Et impressores librorum multiplicantur in terra»
> ('los impresores de libros se multiplican por la tierra')

La anécdota la recuperó Lotte Hellinga, incunabulista, en su trabajo sobre *El códice en el siglo XV*.

> ¡Un momento! Lo aclaro para que no haya dudas: *incunabulista* es quien estudia los libros impresos en el siglo XV, desde 1453, cuando se inventa la imprenta, hasta 1500. Incunables son los libros que salen cuando la imprenta está casi *en la cuna*.

El primer libro impreso en la Península fue el *Sinodal de Aguilafuente*, salido de la imprenta segoviana de Juan Párix en 1472; es un texto de 48 páginas que recoge las actas de un sínodo o concilio de obispos celebrado en el pueblo segoviano de Aguilafuente.

La imprenta fue extendiéndose por las distintas ciudades españolas: Valencia, Barcelona, Sevilla... pero eso no eliminó la tradición de la transmisión manuscrita de los textos. Los manuscritos de poesía, por ejemplo, circularon en los Siglos de

Oro sobre todo en forma de manuscritos, aunque después se recopilasen e imprimiesen.

Los impresos, tan comunes ya en el siglo XVI, tuvieron su parte de contribución a que el español se hiciera más homogéneo y unitario. Los impresores tomaban el manuscrito de los autores, lo copiaban de nuevo dentro de su taller y lo mandaban imprimir. Sus decisiones sobre grafías, signos de puntuación, mayúsculas o unión y separación de palabras eran tan individuales y propias como las del mismo autor. Y eran también variables, como era la ortografía del español al menos hasta el siglo XVIII, cuando se funda la Academia. Pero eran, en cualquier caso, decisiones que se repartían en las decenas o centenares de ejemplares que de una obra sacase un taller de imprenta. Su capacidad de uniformar y de propagar determinados gustos lingüísticos era, obviamente, superior a la de los manuscritos.

Por otra parte, a los primeros libros impresos les pasaba algo parecido a lo que les pasó a los primeros libros electrónicos. Los primeros fabricantes de *e-books* trataban de que el comprador viera que un libro electrónico era una versión mejorada de un libro en papel, por lo que lo imitaban en el tipo de márgenes o de paso de página. Los primeros impresos trataron de copiar a los mejores manuscritos: para los siglos XV y XVI, se veían como códices muy buenos los salidos de la corte de Alfonso X, y por eso la imprenta tiene usos gráficos más parecidos a los textos manuscritos del siglo XIII que a los del siglo XV. Efecto de esa multiplicación que arrancó a fines del siglo XV, el lector tiene en las manos este libro. Bendito invento.

Nadie habla tu lengua

Piensa en tu infancia, en la lengua que utilizabas con tus padres y entre tus amigos. Imagina que nadie hablase ya ese idioma. De esa insólita y dolorosa situación se quejaba el escritor francés de origen turco Marcel Cohen (1937-), que escribió en 1985 una carta a su amigo, el pintor español Antonio Saura, diciendo:

> No saves, Antonio, lo ke es morirse en su lingua. Es komo kedarse soliko en el silensyo kada dya ke Dyo da, komo ser sikileoso sin saver porke.

Esta frase, inteligible para cualquier hablante de español (salvo *sikileoso*, 'oprimido') está escrita en judeoespañol, lengua también llamada *sefardí*, *sefardita* y *judezmo*. Los judíos expulsados de España en 1492 por el mandato de los Reyes Católicos (Edicto de la Alhambra) se fueron hablando en castellano, se esparcieron por Marruecos, el Imperio Otomano, luego Yugoslavia, Estados Unidos y lo siguieron usando durante siglos después en sus diversos territorios de exilio. Esa es la lengua que manejó en su niñez Cohen y que hoy pocos tienen como lengua materna, aunque se emplee, más como reivindicación que como instrumento, en la radio (por ejemplo, en el programa *Bozes de Sefarad* de Radio Exterior), en algunos periódicos editados en Israel o en Wikipedia.

Esa carta (ahora reaparecida en la editorial Ibis con el título *In Search of a Lost Ladino. Letter to Antonio Saura*), en inglés y en judeoespañol, permite reconstruir la memoria de una identidad forjada en el destierro. Los antepasados del escritor Marcel Cohen procedían de uno de esos espacios de destierro, la comunidad judeoespañola de Salónica, toda ella desaparecida o dispersa por la aniquilación nazi:

No ay, no avra mas realitad para mi porke no ay realitad sino en las palavras y ke el avlar djudyo ya se mourio kon los ke lo avlavan.

El judeoespañol comenzó a ponerse por escrito usando alfabeto latino en el siglo XIX y, como se puede ver en las citas aquí extraídas, ha tendido a usar un sistema gráfico muy rupturista y llamativo. Eso contrasta con su carácter de lengua nacida de un éxodo en un momento muy concreto. Por un lado, ha incorporado rasgos de las distintas lenguas con que ha entrado en contacto en la diáspora (hubo un judeoespañol de Marruecos distinto al de Turquía); por otro lado, ha retenido rasgos del castellano del siglo XV, que luego se perdieron para el español peninsular en el siglo XVI.

Hoy el judeoespañol está perdiendo uso espontáneo y ese es el preludio para su desaparición. Los voluntariosos intentos de preservación (gestados sobre todo en Israel) tal vez mitiguen los efectos de la dolorosa expulsión de 1492. Pero lo que habló Cohen de niño, en esa forma espontánea, es difícil que vuelva.

Tertulia académica

Querido lector:
Te escribe el marqués de Villena. Como soy noble, tengo más títulos y nombres que tú: me llamo Juan Manuel María de la Aurora Fernández Pacheco y Zúñiga, nací en 1650 en Navarra y fui el octavo marqués de Villena. Pero no estés prevenido contra mí. No fui un aristócrata ocioso ni aprovechado. Ejercí de militar, fui virrey de Nápoles y cuando volví a España en 1711 gusté de reunirme con gente ilustrada, con buena conversación y cargos de relevancia: funcionarios de la corte, clérigos, otros aristócratas. Poco tiempo después, en 1713, en mi tertulia ya había cundido la idea. Fundaríamos una Academia de la Lengua.
Querido lector, ya sabes quién soy: el fundador de la Real Academia Española. Mis amigos y yo fuimos la academia fundacional, yo me pedí el sillón A mayúscula, que para eso la idea y el dinero fueron míos. Y los otros compañeros ocuparon las otras sillas. ¿Nuestros planes? No los teníamos muy claros al principio, pero sabíamos que algo había que hacer. En Francia funcionaba la Académie Française, en Italia la Accademia della Crusca. ¿Iba a ser menos España? Éramos buenos lectores de la literatura de los Siglos de Oro, pero estábamos un poco espantados de que los seguidores de Góngora, todavía en esos inicios del siglo XVIII, llenasen páginas y páginas de frases oscuras y rebuscadas ayunas del ingenio del poeta cordobés que los inspiró. No había en nuestro tiempo limpiacristales en pistola, así que nadie se rio cuando propusimos que nuestro lema fuese *Limpia,*

fija y da esplendor. Limpiar la lengua de los excesos de la poesía tardobarroca, fijar la lengua, o sea, enseñarla en gramáticas, diccionarios y ortografías, y darle esplendor a través de nuevas ediciones de nuestros clásicos. Con tan buenas intenciones era inevitable que el monarca Felipe V nos apoyase decididamente y refrendase como *real* nuestra institución.

¡Qué tiempos aquellos! Decidimos empezar haciendo un diccionario. A lo grande: las palabras del español pero también las que sabíamos que se usaban solo en algunas partes de España o en América. Cada palabra con su definición y una cita de una autoridad literaria que refrendase su uso. Antes de empezar con las palabras de la letra A, planificamos un *Discurso proemial* sobre ortografía, para avisar de que usaríamos una ortografía sin ç, con un reparto nuevo de *b* y *v*, con una redistribución de las haches... una limpieza general, en resumen.

Trabajamos mucho, pero ay, yo no llegué a ver el diccionario. Morí en 1725 y se empezó a publicar en 1726; el último tomo salió en 1739. Lo llamaron *Diccionario de Autoridades* por esas citas de autoridad que tenía cada voz. Ahora, lector, tú usas el *DRAE* vigésimo tercero, pero fui yo quien alimentó la idea del primero. No te olvides. Un saludo,

Don Juan Manuel Fernández Pacheco

Lengua en el paisaje

Paseamos por la ciudad hablando y, sin darnos cuenta, no paramos de leer. Piense el lector en alguno de los recorridos que hace habitualmente, sobre todo en los que hace a pie, cuando le da tiempo de leer lo que va saliéndole al paso: el rótulo de la panadería, un cartel pegado de mala manera a un muro, el grafiti contra el gobierno que sigue estando en la pared aquella...

El paisaje lingüístico es el conjunto de realizaciones materiales de la lengua que vemos por escrito en los espacios públicos. Estas se cuentan por centenares en cada una de nuestras calles: carteles, placas informativas, rótulos de negocios, pintadas... Todo eso que está a nuestro alrededor cuando salimos de casa, que tiene palabras puestas por escrito, y que está en una superficie fija, va sumando muestras de paisaje lingüístico. Pero, si el lector lo piensa con detenimiento, esos textos de la calle son muy distintos de los que se leen en otros lugares: suelen ser textos cortos que, para ser entendidos, necesitan ser relacionados con el contexto espacial específico donde se encuentran situados. (¡*Pues claro* —dirá alguno—, *a ver qué sentido tiene que ponga «Bar» en un local que es una «Mercería»!*). Otra diferencia más: esos signos de paisaje lingüístico suelen ser más multilingües que los propios hablantes que los leen.

Tal vez el lector de este libro sepa, además de español, hablar y entender italiano, francés e inglés. Si tal es el caso, me felicito de tener a un lector tan políglota. Pero si no es el caso (no se sienta inferior porque eso será lo más frecuente), ese lector va a desenvolverse sin problemas por una ciudad española cualquiera donde estén los rótulos de lugares llamados *Pizzeria degli Angeli*, *Bijou Brigitte* o *Modern School*. Estamos habituados a que el paisaje lingüístico utilice las lenguas para denotar (una placa que nos informa de que una plaza se llama "Plaza de la Concordia") y a connotar (una tienda de moda de mi barrio, que regenta mi amiga Pepi, y que se llama *Pepi's Sport Fashion* para parecer más moderna). Pero además de que usemos lenguas distintas del español para connotar, el turismo y las migraciones han hecho muy frecuentes en la España última rótulos públicos de tipo informativo en lenguas muy dispares. ¿A que la tienda o restaurante chino del barrio del lector tiene letras en chino o palabras chinas escritas en alfabeto latino?

Esta historia del español pretende conseguir que el propio lector haga su propia historia de la lengua en el espacio, y piense cuánto de multilingüe es el paisaje lingüístico en que se mueve y por qué. Cuando yo era chica, lo único distinto del español que podía leer en las calles de Sevilla eran esas placas de los bancos anunciando a los turistas que allí se ofrecía *Cambio / Change / Exchange / Wechsel / Valuta*. Hoy, el euro ha unificado la economía y hecho inútil una parte de esa placa (¿para qué querría un italiano, francés o alemán cambiar moneda en España?). Sin embargo, lo que ha cambiado de verdad es el paisaje humano que nos rodea y su uso del espacio público.

Una ciudad puede ser vista como un gran texto desplegado entre plazas, callejones, avenidas y alamedas, con mensajes escritos en los grandes escaparates de multinacionales, en las paredes llenas de grafitis y en frágiles carteles pegados a un árbol. Cuando el lector salga a la calle, juegue a leer el texto inacabado, continuo y efímero del paisaje lingüístico. [Psst, psst, lector, si le interesa este tema, lo invito a que lea el libro que publiqué en 2012, *El paisaje lingüístico de Sevilla*. Puede verlo en mi web www.lolapons.es.]

Greguerías lingüísticas

La palabra *demodé* está pasada de moda.
La palabra *esdrújula* es esdrújula.
Viajar a La Coruña era más fácil que viajar *a A Coruña*.
La palabra *grande* es más chica que *pequeño*.
Partir un año en meses es hacerlo añicos.
Las mujeres inteligentes se ponen camisas de listas.
La dije cuatro cosas y ella me llamó laísta.
Cuando el cantante argentino llegó a España se quedó sin vos.
Ejemplo de presente: *Te doy un regalo*.
La diéresis convierte en agua todo lo que toca.
Scrabble: parque de bolas de las sílabas.
Escriba cursi siempre con cursiva.
Escriba GRITAR siempre en mayúsculas.
Escriba susurro siempre en minúscula.
Los subversivos escriben en los márgenes.
Los extranjeros le ponen acento a todo.
Ponerse una gafa es verdaderamente singular.
Usain Bolt habla de carrerilla.
En boca cerrada no entran roscas.
Se fue para la pandilla de Paris Hilton y habló a tontas y a locas.
Es conveniente que las palabras *mar* y *sal* se parezcan.
Un tuit es una greguería en inglés.

Filología y filólogos

Relatos sobre la ciencia que estudia la lengua
e intentos de acercamiento a la biografía
de algunos virtuosos y claros filólogos:
una ojeada a quienes se han entusiasmado
con las historias sobre el español

Y no poder conseguirlo

Desde que empecé a trabajar en la investigación universitaria, puedo decir que no ha habido un día en que no haya al menos dedicado un rato a pensar, a hablar o a leer sobre cómo era la lengua de nuestros antepasados.

Primero descubrí este mundo en las clases que recibí en la Universidad, luego fueron los libros de otros maestros los que, en la soledad del escritorio, me permitieron seguir andando ese camino; después, fue la tentación de ser yo quien se acercase directamente al manuscrito la que me hizo escribir mis primeras páginas sobre la materia. Más tarde conocí a otros compañeros con intereses afines a los míos, hicimos grupo, y ahí sigo... La Historia de la Lengua es ya una parte diaria de mi vida. No sabría decir si lo que me enternece más es descubrir en los textos antiguos las palabras y las expresiones que yo misma he oído y digo o, al contrario, deshilar en esos mismos textos el motivo, el sentido de las frases y las voces que hoy ya no entendemos.

Pero hay momentos de impotencia, y uno es este en que escribo, en que siento que hay un secreto grande que nunca podré saber, un velo desplegado que no se puede levantar; siento que esos hablantes del pasado se nos han perdido para siempre.

Creer que vuelvo a oírlos es un espejismo delicioso. Y no poder conseguirlo es al mismo tiempo el aire que alienta el fuego y el que hace peligrar la llama.

Por qué morder la manzana de la Filología

Yo ya mordí la manzana. Y no me arrepiento, por eso te digo que creo que debes estudiar FILOLOGÍA...

- si te gustan las bibliotecas, los libros viejos, los juegos de palabras;
- si te tranquiliza la letra escrita a pluma, el teatro de Lope de Vega, recitar para tus adentros ese poema que aprendiste hace años;
- si puedes dedicar un fin de semana completo a leer un novelón o lanzar como flecha un aforismo en forma de tuit;
- si sabes que el Quijote no es simplemente un loco, que las noticias dicen mucho más de lo que dicen, que hay palabras traicioneras y palabras amuleto;
- si puedes enseñar a un extranjero la diferencia entre *ser libre* y *estar libre*;
- si no te gustan las cuentas sino los cuentos, prefieres las historias a la Historia y sabes que viajando encontrarás la llave de los pasadizos.

Y algunos filólogos opinan que debes estudiar Filología porque...

> Porque aún pasando la semana entre balances de cuentas, pérdidas y ganancias, presupuestos y facturaciones... después de leer el capítulo 7 de *Rayuela* sigo siendo capaz de sentir a la Maga temblar contra mí como una luna en el agua.

> Porque quise estudiar Periodismo pero entonces no lo ofrecían en Sevilla, así que hice Filología, descubrí América cuando estudiaba y desde entonces me cautivó la gente que fue a América y escribió al pie del cañón y día a día el diario de sus andanzas, su forma de hablar.... y no se me pasa. Así que, quién lo iba a decir, me especialicé en Periodismo, solo que del XVI.

> Soy filóloga porque no me queda más remedio. No aguanto la sangre, no soporto las operaciones matemáticas de más de cuatro cifras, no me gustan los animales, tampoco tengo el estómago que tienen los abogados y mucho menos se me da bien dibujar con compás, escuadra y cartabón.

> Porque los Reyes Magos nunca me trajeron la camiseta del Betis que les pedía, sino que aparecían con historias de bucaneros, inventores, *Los tres mosqueteros*... Con los años, el Betis no se perdió ningún fenómeno del balón y, sin embargo, sí ganó un prosélito la Filología, que no es solo una licenciatura, sino una forma de mirar.

> Porque entendí que no hay nada más importante que una palabra. Y los libros están llenos de ellas, lo cual los convierte en objetos imprescindibles en la vida. Como dijo Umberto Eco: «El libro pertenece a esos milagros de una tecnología eterna de la que forman parte la rueda, el cuchillo, la cuchara, el martillo, la olla, la bicicleta...» Y yo siempre he perseguido milagros.

> Porque es bucear, caminar y volar sobre un universo de cultura, de mi lengua y de lo que se ha escrito con y sobre ella. Es la herencia de personas que han consagrado sus vidas a algo que a mí, personalmente, me ha servido para... seguir leyendo. No es mala cosa, creo.

La tarde en que #Filología agitó Twitter

Como un batiscafo que entra en un mundo de habitantes cuya fisonomía e identidad son, en principio, desconocidas: así entró la palabra *Filología* la víspera del día de Reyes de 2012 en la colectividad abisal de la red Twitter, primero con miedo, luego con soltura y dominio.

Todo empezó el día 4 de enero por la noche, en mi cuenta de Twitter. Yo formulé, limitada por los 140 caracteres que esta red social impone como máximo en sus mensajes, estos tres tuits a mis seguidores:

Querido Melchor: Te pido como regalo no tener que volver a oír la frase «Filología, ¿eso qué es? ¿Idiomas?».

Querido Gaspar: Te suplico que Luis Miguel deje de cantar cosas como «¡Eres mi fida, conféncete!» O que deje de cantar. #byvlamismacosaes

Querido Baltasar: Te pido que alguna vez Filología sea TT. Solo una vez. Y después ya volvemos a Justin Bieber como siempre.

Los dos primeros fueron reenviados (retuiteados) por varios lectores, y después de enviar el tercero, en el que pedía que la palabra Filología fuese TT (o sea, *trending topic*, tema del momento) apagué el ordenador sin darme cuenta de que acababa de encender una mecha que yo ya no podía controlar: muchos seguidores se encarnaron en rey Baltasar, reenviaron el mensaje y empezaron a mandar otros tuits nuevos con la palabra #Filología. Twitter expone en una lista anexa a la página los *temas del momento* en función de las veces que se repita un término en los mensajes de los usuarios (suelen ser noticias, personajes en el disparadero o sustantivos relacionados con la actualidad, los temas se etiquetan con el signo #). Cuando encendí el ordenador el día 5 a mediodía me encontré con que personas de toda España, cuentas como Dialnet, RAEInforma y hasta grupos musicales estaban apoyando el intento de que #Filología fuese tema del día la tarde del día 5.

Y lo mejor es que la causa ya no aparecía nacida de mi deseo solitario, sino que estaba aupada por usuarios de todo el país, que cifraban el inicio de la chispa en la Universidad de Sevilla (ay... la preciosa anonimia juglar y épica de la red). La tarde se convirtió en una trepidante carrera de centenares de tuits filológicos, provocó la reafirmación vocacional pública de muchos filólogos y estudiantes de Filología y avivó el deseo de jugar con las palabras con la excusa de rendir homenaje a la voz a la que hemos dedicado años de estudio.

La Filología, en suma, empezó a poner caras y explorar en el mundo ignoto de Twitter, y descubrió muchos rostros amables. Y... finalmente (¡sí!) Filología se convirtió en tema del momento (por encima de #cabalgata o de #Reyes Magos) la tarde del día 5.

El caso es que no todos los filólogos han estudiado Filología. Yo hice Filología Hispánica en la Universidad de Sevilla, pero esa carrera se llamó en mi universidad, antes de especializarse por ramas, Filosofía y Letras, y hoy, tras el Plan Bolonia, se llama Grado en Filología Hispánica, mientras que Filología Francesa, por ejemplo, ha perdido la palabra Filología y ha pasado a denominarse Grado en Estudios franceses. La palabra *Filología* implica amor por el saber, el conocimiento y las palabras: ´φίλος´ + λόγος´. *Filo* de 'amor, gusto' y *logos* de 'pensamiento, saber, conocimiento'. Que tanta gente en Twitter se implicara en apoyar a esta palabra es un prometedor augurio para que sigan escribiéndose historias sobre el español.

Por qué no debemos invadir el Reino Unido
(aunque nos sobren razones para ello)

Sé que el lector se está armando con diccionarios, gramáticas y textos de los Siglos de Oro como proyectiles arrojadizos de impacto. Sé que planea la distribución de efectivos y la redacción de un manifiesto bélico en octavas reales. Pero yo creo que no debemos invadir el Reino Unido, ni desde Dover ni tampoco aprovechando su colonia en el sur de España: dejemos tranquilos a los de Gibraltar. Me erijo en intermediaria para parar esta guerra.

Por supuesto, considero, como el lector, que es una afrenta que la *Encyclopaedia Britannica* definiera así *Filología*:

> A term now rarely used but once applied to the study of language and literature... survives in the titles of a few learned journals that date to the 19th century.
>
> [Término hoy raramente usado pero aplicado en tiempos al estudio de la lengua y la literatura, pervive en los títulos de algunas revistas eruditas que se remontan al XIX.]

Esto es, sin duda, una provocación y un motivo de guerra mayores que el bochorno de nuestra Armada Invencible en 1588 o el de la piratería inglesa contra nuestros galeones americanos.

¡Ingleses, os habéis pasado! ¿Cómo pudisteis decir que *philology* es un término raramente usado y que solo subsiste en el título de alguna rancia revista?

Voy a tranquilizarme: el filólogo busca siempre el testimonio más cercano a la fecha de escritura antes de extraer cualquier conclusión sobre un texto. Es necesario buscar la definición actual que se da del término en la *Enciclopedia Británica*. La insultante definición que otrora se daba de nuestra ciencia cambió en 2009, y ahora es esta:

PHILOLOGY, traditionally, the study of the history of language, including the historical study of literary texts. It is also called comparative philology when the emphasis is on the comparison of the historical states of different languages. The philological tradition is one of painstaking textual analysis, often related to literary history and using a fairly traditional descriptive framework. It has been largely supplanted by modern linguistics, which studies historical data more selectively as part of the discussion of broader issues in linguistic theory, such as the nature of language change.

[Tradicionalmente, el estudio de la historia de la lengua, incluyendo el estudio histórico de textos literarios. Se llama también «Filología comparada» si se centra en la comparación de etapas distintas de lenguas diferentes. La tradición filológica se sostiene sobre el estudio meticuloso de los textos, normalmente los relacionados con la historia literaria y con un marco de análisis bastante tradicional. Ha sido muy ampliamente sustituida por la lingüística moderna, que estudia los datos históricos de forma más selectiva como parte de una discusión sobre asuntos más amplios de la lingüística teórica como la naturaleza del cambio lingüístico.]

Sí, se han retractado. Tampoco es una definición muy entusiasta, pero no es la ofensa de antes. Calmémonos y señalemos cínicamente que lo que parece que es «raramente usado» es ahora consultar la *Enciclopedia Británica* en papel, ya que en 2010 se interrumpió su publicación impresa (que se inició a fines del siglo XVIII) y se publica nada más como documento en línea, eso sí, muy poderoso y apabullante en contenidos.

Observe el lector las otras definiciones que hemos encontrado de *Filología* en diccionarios y enciclopedias:

Diccionario de la Real Academia Española	Ciencia que estudia una cultura tal como se manifiesta en su lengua y en su literatura, principalmente a través de los textos escritos.
Fernando Lázaro Carreter, *Diccionario de términos filológicos*	Filología y Lingüística, ambas estudian el lenguaje, pero de modo distinto. La Filología lo estudia con vistas a la mejor comprensión o fijación de un texto; la Lingüística, en cambio, centra exclusivamente su interés en la lengua, hablada o escrita, utilizando los textos, cuando existen y los precisa, solo como modelo para conocerla mejor.
BBC English Dictionary (traducido del inglés)	Estudio de las palabras, especialmente de la historia y el desarrollo de las palabras en una lengua o grupo de lenguas.
Dictionnaire du français d'aujourd'hui (traducido del francés)	Ciencia que estudia los documentos escritos, particularmente las obras literarias desde el punto de vista del establecimiento de los textos, su autenticidad, sus relaciones con la civilización y el autor, así como el origen de las palabras y su filiación.

Mejores o peores entre ellas, son menos radicales que la que nos daba pie para volver a llamar al Reino Unido *pérfida Albión* como hizo Napoleón. Recuerden los de la *Enciclopedia Británica* que en una Gran Bretaña sin Filología podría cumplirse la profecía que hizo Shakespeare a través del bufón de *El rey Lear*:

*Then shall the realm of Albion
come to great confusion
then comes the time, who lives to see't
that going shall be used with feet.*

[Entonces en el gran reino de Albión
reinará la confusión,
entonces llegará el tiempo
en que se caminará con los pies.]

6 cosas que aprendí mientras veía manuscritos

Un manuscrito es cualquier papel escrito a mano. La lista de la compra apuntada con bolígrafo en el reverso de una carta del banco es técnicamente una pieza manuscrita. Ahora bien, en general cuando hablamos de manuscritos nos solemos referir a la escritura que nos remite a un tiempo pasado y lejano. Cartas personales o dirigidas a la administración, diarios íntimos o notas domésticas destinadas a no salir del ámbito de lo familiar, avisos para colgar en una puerta o cualquier otra anotación, normalmente hecha en soporte de papel, pueden ganar mucho valor si se escribieron en un pasado lejano.

¿Dónde puede uno encontrar manuscritos antiguos? La mayoría de los mortales los consultamos en bibliotecas y archivos históricos. Hay quienes tienen pequeños o grandes archivos familiares, donde pueden guardarse desde las cartas que el tatarabuelo mandaba a la familia mientras sirvió en la guerra de Cuba hasta las postales que tu padre enviaba a tu madre en su etapa de noviazgo (y sus fórmulas amorosas te dan vergüenza ajena, sí). Otros encuentran de repente un conjunto de papeles viejos al hacer obras en casa, como quien halló en Barcarrota (Badajoz) una biblioteca secreta que alguien escondió en el siglo XVI porque guardaba impresos y manuscritos que estaban prohibidos por la Inquisición. Allí encontraron en 1992 diez obras malditas de la España del XVI: libros judaicos, un *Lazarillo de Tormes*, obras eróticas y de magia.

Filólogos, archiveros e historiadores somos una parte de los afortunados que, por cuestiones profesionales, podemos estar en contacto más que frecuente con los manuscritos e impresos antiguos. En mi caso, como historiadora de la lengua española, la necesidad de editar y estudiar el idioma en textos antiguos me ha llevado a trabajar con manuscritos de diversas bibliotecas y archivos y en ellos he aprendido estas seis cosas.

1. El continente es tan impresionante como el contenido. Obviamente, hay de todo, pero es muy común que el edificio del archivo donde se encuentra el manuscrito que quieres consultar sea parte del patrimonio histórico del país. La sala de consulta de manuscritos de la Real Biblioteca del Monasterio de San Lorenzo de El Escorial es mediana y más bien contenida, pero para llegar a ella tienes que pasar por su impresionante Sala Principal. Entrar en la sala antigua de la Biblioteca Bodleiana de Oxford es una experiencia estética comparable a la de contemplar alguno de los manuscritos ilustrados que se guardan dentro. Entrar a trabajar en un archivo suele ser abrumador y te hace sentir privilegiado.
2. De entrada, eres sospechoso. No es tan exagerado como cuando pasas el control de embarque de un aeropuerto, pero se parece bastante. En los grandes archivos hay casilleros para que dejes tus pertenencias. Normalmente solo te dejan entrar con el portátil, unas hojas y un lápiz (nunca bolígrafos porque pueden manchar el manuscrito). Los cuadernos y libros no pueden meterse en la sala de consulta porque pueden usarse para hurtar hojas o fragmentos de papel (por esa misma razón, en invierno prepárate porque no puedes entrar con el abrigo). Es incómodo, sí, pero más lo es comprobar que los controles tratan de evitar expolios que tristemente conocemos.
3. La primera vez siempre es la primera vez. Por eso, aunque te facilitan la vida las reproducciones en digital que puedes consultar cómodamente desde casa y te ahorran muchos viajes, hay que tomarse el trabajo (o darse el lujo) de tocar papel viejo. Ni los olores ni los colores ni los tamaños son como imaginas. No cuento nada que cualquier bibliófilo o fetichista de los objetos antiguos no haya experimentado.

4. Dentro de los manuscritos no solo hay letras. Los escribas pueden aprovechar los márgenes para hacer cuentas repasando los haberes domésticos, en la última página del libro uno de los antiguos propietarios puede haber apuntado una receta para no perder el pelo o alguien pergeñó un perfil femenino de bruja o de dama. Además, a veces puedes encontrar objetos que se guardaron, por despiste o deliberadamente, dentro de las páginas de un libro. Así, no es raro encontrar la propia pluma del que escribió el volumen (y no, no son como las de las películas: son plumas de pájaro con la mera caña y, para evitar que cayesen pelillos a la tinta fresca, sin los plumones que les ponen en las pelis de *Los tres mosqueteros* y similares).
5. La gente de antes se parecía mucho a la gente de ahora. Eran como nosotros. Se cansaban al escribir y ponían *lala casa* en vez de *la casa*; se les corría la tinta de la pluma y la trataban de secar con el dedo que aún refleja una vieja huella dactilar. Y, más allá de la parte técnica, es emocionante comprobar que se emocionaban y enfadaban por cuestiones como las que nos sacuden hoy. En mi última investigación sobre cartas escritas por los españoles durante la Guerra de Independencia contra los franceses, descubrí que un anónimo escribió una carta increpante al gobierno diciéndoles: «Señores mierdas, ¿están ustedes contentos? ¡Vayan a la mierda los traidores!». En una carta de amor del siglo XVII que escribió un mexicano a su amada para que ella se escapase de noche del convento en que la han recluido, él advierte que han de aprovechar los días más oscuros porque «ya la luna nos va haciendo daño».
6. El que busca no siempre encuentra. Hay días que se te pueden dar fatal, en que no encuentres nada de lo que tenías en la cabeza, otros días te topas con material impresionante. En esos casos sales a la calle, no te crees lo que te ha pasado y subes al autobús en plan Blade Runner pensando *Yo... he visto y tocado cosas que vosotros no creeríais*. Y eso, en una era donde la comunicación está cada vez más escorada a lo digital (correos, mensajes instantáneos y *megustas*) me hace pensar que lo de escribir en papel y a mano no era tan mala idea.

Juan de Valdés y Juan Valdez

No sé si el lector recuerda aquel anuncio televisivo emitido en los 90 donde se publicitaba el café de Colombia como *el mejor café del mundo*. Aparecía en él un señor con bigote y pelo negro, sombrero blanco de ala, bolso cruzado y camisa, sonriendo, tirando de una mula y llevándonos por sorpresa café 100% colombiano al trabajo, a los pies de la cama, al andén de espera del tren... Se hacía llamar JUAN VALDEZ y YouTube está lleno de los anuncios, doblados a diferentes lenguas, que popularizaron en Europa a nuestro amable bigotudo.

Fíjese qué irreverencia debe de ser que yo pensara en la cara de *ese* Juan Valdez y se la pusiera al humanista español JUAN DE VALDÉS (1509-1541) que publicó una obra, el *Diálogo de la lengua,* que es un precioso ejemplo de toda la variación que estaba viva en el español del siglo XVI y de cómo los hablantes dudaban entre la forma de algunas palabras porque aún no contaban con una gramática normativa que les prescribiera qué era lo correcto. Cuando empecé a estudiar Historia de la lengua en la universidad, siempre que me mencionaban a Juan de Valdés, el humanista, yo lo imaginaba sonriendo con su *Diálogo de la lengua* con toda la cara y toda la actitud de Juan Valdez. Una desfachatez.

La vida de Valdés fue muy representativa del humanismo español del siglo XVI y en su obra (escrita en 1535 pero difundida por la imprenta muy tarde, en el siglo XVIII) podemos ver también una representación de las formas en variación en el español del siglo XVI. Valdés va opinando sobre lo que le inquieren sus interlocutores acerca del idioma y explica qué palabras, grafías y costumbres fónicas le agradan y desagradan. Siguiendo una tendencia muy humanista, no ensalza a ninguna autoridad idiomática concreta; por eso, señala que la lengua que más le gusta es la emanada del pueblo en los refranes:

> La lengua castellana nunca ha tenido quien escriva en ella con tanto cuidado y miramiento quanto sería menester para que hombre, quiriendo o dar cuenta de lo que escrive diferente de los otros, o reformar los abusos que ay oy en ella, se pudiesse aprovechar de su autoridad.

Y a él pertenece el enunciado que simboliza el ideal de escritura del siglo XVI: rechazo de lo pedante y búsqueda de una estilizada naturalidad; la frase *escribo como hablo* que hoy vemos como el mejor lema con que resumir las aspiraciones de los escritores del XVI:

> el estilo que tengo me es natural, y sin afetación ninguna escrivo como hablo; solamente tengo cuidado de usar de vocablos que sinifiquen bien lo que quiero dezir, y dígolo quanto más llanamente me es possible, porque a mi parecer en ninguna lengua sta bien el afetación; quanto al hazer diferencia en el alçar o abaxar el estilo según lo que scrivo o a quién escrivo, guardo lo mesmo que guardáis vosotros en el latín.

Este libro nos muestra la reflexión sobre la lengua hecha por un particular. Es lo que llamamos *pensamiento metalingüístico*, es decir, sobre la lengua. Valdés opina sobre formas lingüísticas que estaban en convivencia en el siglo XVI y apuesta por una de ellas. Observe el lector el siguiente fragmento del *Diálogo*, donde el personaje que representa a Valdés (llamado también Valdés) habla con el personaje de Marcio y le dice que prefiere decir *trujo* a *trajo*, aunque esté apartándose del latín:

M. [...] ¿Por qué scrivís *truxo*, escriviendo otros *traxo*?
V. Porque es a mi ver más suave la pronunciación, y porque assí lo pronuncio desde que nací.
M. ¿Vos no veis que viene de TRAXIT latino?
V. Bien lo veo, pero yo quando escrivo castellano no curo de mirar cómo escrive el latín.

O esta otra parte del *Diálogo*, en la que Valdés se refiere a la pronunciación de *hue-* a principio de palabra y al riesgo de pronunciarla como *güe*:

Otra cosa observo; que si el vocablo comiença en *u* vocal, y después de la *u* se sigue *e*, yo pongo una *h* antes de la *u*, y assí digo *huevo, huerto, huesso*, etc. Ay algunos que ponen *g* adonde yo pongo *h*, y dizen *güevo, güerto, güesso*; a mí oféndeme el sonido, y por esso tengo por mejor la *h*.

Como vemos, en algunos juicios Valdés apostó por formas que se terminaron perdiendo, y en otros casos el uso que recomienda coincide con nuestro patrón de corrección. En una época de mucha variación lingüística como el siglo XVI, es interesante ver qué sensibilidad tenían los hablantes hacia esas formas que alternaban.

Aunque no sepamos de gramática ni hayamos estudiado una Filología, solo por ser hablantes, todos tenemos capacidad para emitir juicios metalingüísticos, como los de Valdés, sean acertados o no. Hay gente con mucha *intuición metalingüística*, capaz de localizar el lugar de donde proviene alguien por su acento o de reconocer las diferencias entre su forma de hablar y la de sus mayores. Muchos de esos pensamientos del hablante común son completamente errados: alguien me dijo una vez, sobre el modo subjuntivo del verbo español: *Usamos el indicativo, yo no creo que el subjuntivo se use mucho...* (Vale: *use* es presente de subjuntivo). Nos equivocamos sobre todo cuando nos dedicamos a hacer predicciones lingüísticas: acertar sobre si *esta palabra se perderá* o *la gente ya no usará ese sonido en el siglo XXII* es tan difícil como ponerle las albardas a la mula de Juan Valdez. Me refiero al cafetero.

Pero no son despreciables esos pensamientos metalingüísticos del hablante que no es lingüista. Sería tan absurdo como rechazar el cuadro pintado por alguien que no sabe de la química del óleo o la comida hecha por quien no sabe qué es un hidrato de carbono.

Del b. lat. dictionarium

Estando María Moliner
solita en casa una tarde

El *Diccionario de uso del español* de María Moliner apareció en 1966-1967, desmarcándose de la tradición de los diccionarios académicos del español y ofreciendo un ejemplo de cómo organizar el léxico vivo y usual del idioma de forma orgánica, con definiciones y muestra de familias léxicas vinculadas con las palabras definidas. Ha conocido posteriores ediciones (reformadas y en buena medida alejadas del *María Moliner* original), se ha informatizado y sigue estando muy presente en el horizonte de quien trabaja con el idioma y necesita una definición inspiradora o conocer si el derivado de una palabra está o no refrendado por el uso.

El título del diccionario es bueno: corto, esclarecedor. Pero el *Diccionario de uso del español* es llamado por excelencia el *María Moliner*. Y ahí cobra cuerpo y se encarna, cada vez que lo nombramos así, la figura colosal de una mujer que escribió tarde a tarde este diccionario durante quince años. En 2011 apareció la obra biográfica *El exilio interior. La vida de María Moliner*, escrita por Inmaculada de la Fuente (Madrid: Turner Noema), y en la reseña crítica que hicieron de este libro en un suplemento cultural y se afirmaba que la obra no podía resultar demasiado arrebatadora siendo la de María Moliner (1900-1981) una vida poco palpitante. Leída la biografía, tengo que declarar mi absoluto desacuerdo con esa afirmación. La vida de María Moliner estuvo llena de pasión, en concreto de dos.

En primer lugar, su pasión por las bibliotecas, por los archivos, por agilizar los sistemas de ordenación bibliotecaria, por sacar a los libros de los armarios, ponerlos en estanterías y hacerlos llegar al mayor número de lectores, con especial preocupación hacia las bibliotecas escolares. Como funcionaria del cuerpo de bibliotecarios tuvo mala fortuna en los primeros puestos que le asignaron y solo en los años treinta pudo encontrar campo y cuerda para dar salida a sus ideas. Tras la Guerra Civil sufrió un duro proceso de depuración y fue de nuevo confinada a puestos archivísticos grises y sin posibilidad de innovar en la difusión de los libros. Es entonces cuando, como ella dice, «estando solita en casa una tarde» se da cuenta de que esa primera pasión profesional ha quedado trunca, tiene energía para desarrollar nuevos proyectos y decide escribir un diccionario real.

Su segunda pasión: las palabras, a las que se entregó tarde a tarde. Barramos el tópico: no fue una ama de casa que escribió un diccionario en su cocina. Fue una mujer formadísima, con un importante puesto no político durante la República, cercenada luego en su desarrollo profesional tras la Guerra Civil, que decide exiliarse interiormente. Trabajaba por las mañanas en una biblioteca universitaria y por la tarde daba curso a su energía intelectual con el diccionario.

Por su forma de conciliar trabajo y familia, por ser una historiadora que, alejada del mundo académico de los filólogos, fue capaz de escribir ella sola un diccionario, por su modernidad (incluye palabras que el *DRAE* no había incluido y ordena el alfabeto de la misma forma que años después utilizó la Academia: la LL dentro de la L y la CH dentro de la C), es sobrecogedor conocer la biografía de esta heroína. Uno ve la dedicatoria escueta del diccionario («*A mi marido y a nuestros hijos les dedico esta obra terminada en restitución de la atención que por ella les he robado*») y ve reflejada la dificultad cotidiana de la conciliación para las mujeres de hoy.

Hay artículos del *María Moliner* que son considerados emblemáticos. Dejo una sola muestra (abreviada) de la definición de *día* para que el lector sienta curiosidad por seguir tirando del hilo:

>DÍA.- Espacio de tiempo que tarda el Sol en dar una vuelta completa a la Tierra.

El escrito menos importante de Rafael Lapesa

Para los filólogos, Lapesa es tanto un nombre propio («Rafael Lapesa explica que...») como común («hay que estudiar en el Lapesa el tema...»). Rafael Lapesa Melgar (1908-2001) es el gran maestro de la historia de la lengua en España. Y lo es por su manual *Historia de la lengua española*, que se editó por primera vez en 1942 (Editorial Escélicer) y se reeditó sucesivamente, y con correcciones y ampliaciones hasta 1981 (Editorial Gredos). *El Lapesa*, como es conocido este libro, es el manual de referencia para el estudio del devenir histórico del español, aunque en algunos aspectos la investigación posterior haya revisado o actualizado alguna de sus lecciones.

De ese manual de Lapesa sigue siendo ejemplar no solo su contenido sino su estilo al escribir, a veces poético, a veces «de otra época», pero incapaz de dejar indiferente al lector. En estos fragmentos el lector puede ver una muestra de la elaboración formal a la que me refiero:

[sobre las lenguas prerromanas]
Combinando noticias y conjeturas, etnógrafos, arqueólogos y lingüistas se esfuerzan por arrancar espacio a la nebulosa, que defiende paso a paso su secreto.

[sobre el gusto por lo grecolatino en el siglo XV]
Alfonso V concierta una paz a cambio de un manuscrito de Tito Livio. Juan de Mena siente por la Ilíada *una veneración religiosa, lla-*

mando al poema homérico *"sancta e seráphica obra"*. *Cuando la atención se ahincaba en las lenguas griega y latina, aureoladas de todas las perfecciones, el romance parecía "rudo y desierto", según lo clasificaba el mismo Juan de Mena.*

[sobre Larra]
En el estilo de Larra la formación recibida contiende con el deseo de modernidad; el conflicto se supera gracias a lo penetrante e intencionado de la idea, a un sentido de la caricatura como no había existido en España desde los días de Quevedo.

Pero Lapesa no es solo el del manual. La bibliografía que se listaba en los resúmenes de prensa cuando obtuvo el Premio Príncipe de Asturias de las Letras en 1996, acogía numerosos artículos y libros sobre historia del español, pero también sobre español actual, morfosintaxis de ayer y de hoy, literatura medieval y sobre la propia disciplina de la Filología y sus ejercientes (es brillante su librito *Generaciones y semblanzas de claros varones y gentiles damas que ilustraron la Filología hispánica de nuestro siglo*, con obituarios redactados en diversos momentos del siglo XX y publicado en 1998). Esa acogida a lo lingüístico y a la literatura, y ese tratar a lo filológico como un acercamiento global a los hechos culturales es una *marca* de la Escuela de Filología Española que se forjó en los primeros decenios del siglo XX a las órdenes de Menéndez Pidal y en el Centro de Estudios Históricos. El CEH se fundó en 1910 y ha sido la institución clave para entender el nacimiento de la Filología en España y las líneas de su desarrollo en el siglo XX.

Cuando la Guerra Civil frustra para siempre ese núcleo de pensamiento europeísta y de formación humanística que fue el Centro, el magisterio de Lapesa, en institutos primero y luego en la universidad, mantendrá en España el clima de emulación intelectual, civismo y concepción no limitada de la Filología que latía en la primera Filología española.

Por eso, por encima de su obra, que el lector puede localizar sin problemas en librerías, bibliotecas y en la red, quiero glosar aquí un escrito de Lapesa absolutamente menor, en concreto, uno en el que con autógrafo pulcro, Lapesa, con su letra muy ordenada, con trazo estirado como si vocales y consonantes fueran personajes del Greco, dice lo siguiente:

Aspectos que considero más representativos de mi vida profesional:
1) La experiencia resultante de haber enseñado a alumnos de Bachillerato, desde niños o niñas de primeros cursos hasta adolescentes de los últimos, y a alumnos universitarios de diversos grados.
2) Haber evitado en la clase toda crítica de otros profesores o toda prédica de carácter político.
3) Haberme interesado por los problemas personales que me han expuesto los alumnos o he advertido en ellos.
4) Haber intentado contagiar el goce de la belleza literaria, o la admiración ante la grandeza moral.
5) Haber gozado enseñando.
6) En las disidencias o polémicas, haber evitado la violencia o el sarcasmo.

El texto destila la preocupación ética que debería ser propia de todo maestro y, como un personaje del Greco, pintado con una dimensión que quizá no tiene en la realidad, esta nota se proyecta también fuera de su espacio, tiene su algo de fantasmagoría y espero que sirva a los enseñantes para recordar los aspectos que deben ser representativos en nuestra vida profesional.

T|ZA

Joan Corominas: omite ese étimo

Joan Corominas (1905-1997) fue el autor del *Diccionario Crítico Etimológico Castellano e Hispánico (DCECH)*. Exiliado en 1939 tras la Guerra Civil, ejerció en la universidad argentina de Cuyo, donde comenzó a redactar el diccionario, apartando los estudios sobre léxico y toponomástica del catalán en los que se había especializado tras su formación. Posteriormente, trabajó en Chicago treinta años hasta su vuelta a Barcelona.

Lógicamente, en esa época, los medios para hacer un diccionario eran limitados (sin ordenadores, sin patrocinio, con menor desarrollo bibliográfico) pero fueron vencidos por un riguroso plan de trabajo, casi ascético, que marcó la propia vida de Corominas. Y el resultado es abrumador: nueve mil artículos lexicográficos en un diccionario que recoge información sobre la primera documentación de una palabra, sus cambios semánticos, adscripción de uso, problemas de variantes fónicas... Copio (y abrevio) un ejemplo para que el lector sepa lo útil que es la consulta de esta fuente:

TIZA del náhuatl *tíçatl* 'greda, especie de tierra blanca'. 1.ª documentación: Terreros [*Diccionario* 1786-8], con la definición «unos polvos blancos que usan los plateros y otras personas para limpiar los aderezos de plata y oro» y cita una *Relación de géneros ultramarinos*, que debe de ser coetánea. *Tiza* falta todavía en los diccionarios del periodo clásico, en *Autoridades* y en las antiguas ediciones de la Academia (la de 1822 inclusive).

[...] Hoy *tiza* es palabra universalmente conocida en tierras de lengua castellana, especialmente como nombre de la materia caliza y yesosa empleada para escribir en encerados, marcar trajes al probarlos, untar tacos de billar, etc.; pero los datos positivos y negativos que anteceden indican que a España se importó de Ultramar en fecha relativamente moderna [...] En México se dice *tiza*, pero también *tízar* como forma más culta y *tizate* en otras partes. Este último tratamiento fonético corresponde al que sufren la mayoría de los aztequismos de esta terminación (*tomate, petate, metate, achiote*, etc.) pero algunas veces se conserva el acento originario y se elimina la terminación *–tl* [...].

De 1954 a 1957 apareció la obra en cuatro volúmenes y en 1980 salió una nueva versión en seis volúmenes, en colaboración con José Antonio Pascual.

La obra de Corominas es imprescindible para quienes estudian o investigan en historia de la lengua, ejemplo del uso de una perspectiva románica en la investigación léxica. En alguno de los artículos del diccionario se traslucen ciertos guiños a los lectores o informantes:

> NADANTE. Gallego *latante* 'el chico que huye de la escuela', disimilación de *natante*, expresión pontevedresa o santiaguesa de catedráticos de Seminario, Instituto o Universidad, porque esos muchachos se van al río o a la ría a hacer lo que nos describe lindamente Pereda en *Sotileza*.

Los palíndromos son frases que pueden ser leídas igualmente de derecha a izquierda o de izquierda a derecha. El palíndromo más conocido del español es ese de *Dábale arroz a la zorra el abad*. Pero hay otro que me encanta: *Omite ese étimo*. Pese a la exhaustividad de su diccionario, también Corominas omitió algunos étimos: los de los gentilicios. Profundamente catalán y catalanista, los étimos de *catalán* y *español* faltan, como todos los demás gentilicios, en su diccionario.

En la muerte de mi maestro Manuel Ariza

Quienes hemos tenido un maestro de la altura humana e intelectual de Manuel Ariza Viguera (Madrid 1946-Sevilla 2013) sabemos que caer en las manos de un buen profesor es la mejor forma de aprender a serlo, y muchas veces, solos ante la pizarra, hemos construido la mejor versión de nosotros mismos recordando y repitiendo las frases y modos de quien nos enseñó. *Todo hombre que a otro llama maestro por la ciencia que es en él lo llama e porque quiere ser enseñado de él,* decía un texto castellano del siglo XV. El catedrático de la Universidad de Sevilla Manuel Ariza era uno de tales maestros.

Bajo el magisterio de Rafael Lapesa, a quien respetaba y admiraba profundamente, Ariza se formó en la Complutense de Madrid en el estudio de la Historia de la Lengua Española. Reunía en sí un conocimiento científico vastísimo y en él se reconocían los intereses de la Escuela de Filología Española que a principios del siglo XX fundó don Ramón Menéndez Pidal: el amor a los textos y el respeto por el dato dialectal, caminos uno y otro para llegar a describir con solidez la Historia del Español.

En estos ámbitos destacó por la magnitud de sus publicaciones: libros (*La lengua del siglo XII, Sobre fonética histórica del español, Estudios sobre el extremeño,* y, con título provocador, *Insulte usted sabiendo lo que dice y otros estudios sobre el léxico*) y artículos de investigación que suman más de un centenar. Investigó sobre Dialectología (sobre todo extremeña y andaluza) y sobre Fonología Histórica del Español: nos reveló detalles y pormenores de los porqués históricos de la escisión dialectal sevillana, descubrió vivos en zonas rurales procesos fónicos que pensábamos desaparecidos, aclaró y reformuló sin aspavientos ni protagonismos teorías que se tenían por inamovibles... Investigó también, con fina sensibilidad, sobre textos antiguos; en su última etapa y pese a las despiadadas arremetidas de la enfermedad, localizó un fondo de manuscritos judeoespañoles en Italia y soñaba con rescatarlos.

Además de por la *ciencia que en él era*, Ariza era maestro porque *todos querían ser enseñados de él*. Fue docente de la Università di Pisa, de la de Málaga y luego, largos años, de la Universidad de Extremadura; a Sevilla, lugar de donde era oriunda su familia, llegó en 1989. Son miles los alumnos que lo han tenido como profesor, en presencia o a través de sus libros, porque Manuel Ariza fue también maestro de los alumnos que nunca tuvo, estudiantes de otras universidades, españolas o extranjeras, que usaban alguno de sus manuales universitarios, todos redactados en un estilo transparente y cómodo: su *Comentario de textos dialectales*, el librito acerca del *Comentario filológico de textos* o su *Manual de Fonología Histórica del Español* son parte de la biblioteca de referencia de quienes quieran enfrentarse a una disciplina tan compleja y amplia como la Historia de la Lengua Española. Era un maestro porque hacía fácil lo difícil, atendiendo en clase cualquier pregunta, por absurda que pareciera, y haciendo chistes (¡malísimos!) que permitieran entender mejor el contenido. La clase magistral entendida como la exposición pulcra pero amable, no el verbo de impresión que abruma y del que nada queda, sino una Filología expresada desde la palabra cotidiana, desde la cercanía. Otra lección de pedagogía: la tarima para llegar más lejos, nunca para estarlo.

No me es posible imaginar una unanimidad mayor en las simpatías que concitaba. Nos parece una inevitable forma de supervivencia profesional que un médico no se implique afectivamente con sus pacientes, pero el doctor Hugo Galera, que luchó hasta el final por salvarlo, lo pasaba casi peor que él cuando tenía que informarlo de los avances de su enfermedad. Ariza, como siempre, le hacía fácil lo difícil, desdramatizando, allanando el camino, destruyendo muros, derrochando en humanidad. Todos lo querían. Y no como se quiere al bueno que nada dice y todo consiente. Lo querían decanos, vicedecanos y profesores, que también tuvieron que lidiar con sus principios insobornables y sus imperturbables rechazos; lo queríamos sus compañeros de departamento; lo quería sin fisuras el personal de la Facultad, los conserjes, bibliotecarios, administrativos. Lo querían los alumnos, a los que suspendía a canastos: sabida la noticia de su muerte, llenaron las redes sociales de mensajes de consternación y admiración por su profesor. Lo adorábamos sus discípulos, a quienes nos daba la dirección que cada uno necesitaba: a mí siempre me permitió navegar sola. Sin quererlo, sin saberlo, me enseñó a tener en él un modelo avasallador de libertad.

Duele pensar que ya no vamos a ver por nuestro edificio de la Antigua Fábrica de Tabacos la figura altísima y desgarbada de Manolo. Vendrán homenajes y serán multitudinarios, emotivos y merecidos, pero sé que cualquiera de los muchos alumnos que tuvo, futuro o actual profesor de Lengua Española en Secundaria o de español como segunda lengua, va a recordar en sus clases las enseñanzas de Manolo y comprenderá entonces que aquella pedagogía tradicional e intuitiva funcionaba. Serán esas decenas de homenajes anónimos e íntimos, rendidos dentro de las aulas de quién sabe qué lugares del mundo, los que hagan perdurar la memoria del maestro. Esos profesores de Lengua y Literatura que se han estado formando durante años al abrigo del magisterio del profesor Ariza son los mismos que alimentan ahora otras nuevas vocaciones: con ellos la Filología sigue, la Historia de la Lengua sigue, el amor por los textos y el cuidar de la palabra perdura. Decía Pablo Neruda, el poeta preferido de Manolo, *que todo llega a la tinta de la muerte*. Pero me permito añadir: el rastro del buen magisterio es capaz de esquivarla y trascenderla.

Lengua de hoy, lengua de ayer

Trato de hacer la foto pero no me sale. Se mueve, se desenfoca, aparece inestable. Y cuando creo que está todo quieto y que es fotografiable sin riesgo de fracaso, obtengo una imagen tan mansa, estática y muerta que dejo a un lado la Polaroid aun antes de que se fijen todos los colores en el papel brillante en que se imprime la fotografía.
 Esa mansedumbre del río del que no se sabe hacia qué lado se mueve... no la quiero, no es real.

> *Con tanta mansedumbre el cristalino*
> *Tajo en aquella parte caminaba,*
> *que pudiera los ojos el camino*
> *determinar apenas que llevaba.*
> (Garcilaso de la Vega, Égloga III)

El texto antiguo me ofrece cuanto puede, pero es río quieto. Tampoco mejora la foto si me voy al texto de hoy: el oído atento a la conversación que otros tienen junto a mí en el tren rezuma datos cuya importancia o intrascendencia aún no sé cómo tasar. ¿Se quedará durante largos años en el idioma ese giro lingüístico que acabo de escuchar o se perderá como aquella palabra ya obsoleta que, de plena moda en mi juventud, no se me caía de la boca? Trato de hacer la foto pero se activan solos otros filtros que no me dan una imagen exacta.
 Si estudias, investigas o trabajas sobre la lengua sabes de qué contradicción hablo.

Escribir la historia de la lengua de otro tiempo es hacer el *spoiler* de la serie, ser ese pesado que la ha visto antes que tú, que te cuenta el final y te quita toda intriga. Tú mismo te conviertes en quien destroza la serie; por ejemplo, ya sabes que se terminó perdiendo el caso ablativo y que al final desapareció *aqueste* y ganó *este*.

Hacer el retrato de la lengua de hoy es ser el espectador inquieto que no sabe cuándo y cómo cambiará su personaje favorito en la temporada que viene.

A mi manera, como espectadora de la historia de la lengua que se ha hecho por los hablantes de ayer y que cada día se hace por los hablantes de hoy, pienso disfrutar de la serie terminada y de la serie cuya nueva temporada se estrena cada día. Me montaré en el tren pensando si el *heheo* andaluz (eso de decir *hí* para *sí*) triunfará el siglo próximo o seguirá siendo vulgar; y sonreiré displicente cuando al volver a una gramática antigua lea a algún sabio desgañitado de pedirnos que no digamos *caye* sino *calle*.

Felices fiestas

De enero a diciembre: un recorrido por el calendario, parándonos especialmente en los días festivos, las efemérides y las celebraciones

CCCLXV

Empieza un año de historias de la lengua

Una vez más llegará la noche del 31 de diciembre, al empezar enero haré recapitulación y en el horizonte de un año nuevo veré una lista de historias sobre el español. Sentiré que la vida sigue subiendo de volumen, que a veces voy corriendo tras la gota dulce del helado que resbala lenta y que otras veces paladeo con deleite el sabor del placer y la frescura estremecida. Viene un año nuevo pero hay muchas historias sobre el español que se repetirán.

Sé que llegará ENERO y cientos de estudiantes de Filología y Humanidades ordenarán sus apuntes y sus libros preparando los exámenes. Pero tal vez en mitad de una noche solitaria en que alguien pase los folios dedicados a las *Glosas*, los sonidos medievales y las formas de las letras en los manuscritos, un alumno descubra su vocación. Luego FEBRERO se echará encima y se enfrentarán don Carnal y la Cuaresma en el *Libro del Buen Amor*, que nos mostrará en sus formas de tratamiento cómo reverenciar según se debe a la diosa romana, de *señora* y de *doña*:

> *Señora doña Venus, muger de don Amor,*
> *noble dueña, omíllome yo, vuestro servidor.*

Al mes siguiente, en sus clases, miles de escolares escribirán en su cuaderno la fecha de cada día del mes de MARZO sin notar que unos siglos atrás ese marzo se pronunciaba poniendo la lengua tras los dientes, se escribía con ç (*março*) y sonaba como *martso*.

Nos volveremos a mirar al espejo, sentiré que la vida brota de nuevo en la calle y que la ciudad se pinta los labios en ABRIL. El *Tesoro* de Covarrubias lo justificaba así en 1611 al explicar el refrán *Las mañanicas de abril buenas son de dormir*:

> *Porque crece entonces la sangre con que se humedece el celebro, y causa sueño.*

Que por MAYO *era por mayo, cuando hace la calor*, decía el romance, donde el *que* inicial nos abre el enigma de la narración y la sintaxis, y CALOR-CALORIS, masculino en latín, ha pasado a femenino. Porque no es prisionera la lengua viva, sonando aún en el viejo cantar su variación y su cambio.

Vendrá JUNIO y un alumno de Historia de la Lengua volverá a suspender por poner en un examen que la H latina (de HOMINE o HIBERNUS) se aspira en español, confundiéndola con la F latina, que esa sí se aspiró en /h/.

Volveremos a sacar el biquini en JULIO, ignorando que al mencionar esa prenda citamos una isla del Pacífico que se empleó para hacer pruebas atómicas en los años 40 y cuyo nombre, en boga en los periódicos de Estados Unidos en esa época, se reutilizó para designar al breve y nuevo traje de baño que se puso de moda y que era, al parecer, la bomba. Pronunciaremos *biquini* evocando la creatividad de quien escogió esa palabra para el nuevo invento asociándolo con la capacidad más destructiva del ser humano.

El 15 de AGOSTO centenares de señoras sevillanas, parcamente alfabetizadas en tiempos difíciles pero capaces de cantar el *Salve regina* en latín, rodearán a la patrona, la Virgen de los Reyes, sin saber que están rozando a su lado en la Catedral hispalense la tumba de Alfonso X el Sabio, el monarca que confió en el castellano para escribir libros de altura.

En SEPTIEMBRE comenzará el curso, volveré a entrar en un aula después del descanso del verano, volveré a estar nerviosa como la primera vez y volveré a hablar de la lengua española a los alumnos nuevos que aún no tengo.

Más tarde de lo que esperamos, regresará el frío mañanero y con él OCTUBRE. Al pronunciar *otoño*, algunos saborearán una palabra de tres oes que en latín (AUTUMNUS) no tenía ninguna, y verán que el diptongo *au* no ha permitido que la *t* sonorizara y se hiciera *odoño.

Vendrá NOVIEMBRE, que era el mes noveno en latín y nos mostrará en cada uno de sus treinta días que la o breve latina de NOVEM diptongó en *nueve*.

Llegará DICIEMBRE y de nuevo miles de niños escribirán su carta a los Reyes Magos con la misma reverencia de quien puso por escrito la primera pieza teatral conservada en castellano, el *Auto de los Reyes Magos*. Y en cualquier noche de ese mes, dentro de un año, tal vez yo esté pensando, como hoy, en que la vida sigue subiendo de volumen, que cada año trae cosas nuevas y repite las mismas y mágicas historias sobre la lengua.

5 de enero: noche de Reyes

Como todos los niños españoles de mi generación, yo pensaba que el trineo de Papá Noel solo podía circular por países nórdicos nevados, así que mis cartas se dirigían exclusivamente a los Reyes Magos. Creo recordar que, en mi mente de niña, los Reyes no tenían otra individualidad que su nombre, viajaban juntos, ponían los juguetes juntos y tiraban caramelos de la misma forma.

Fue años después cuando aprendí que para un desconocido hombre medieval del siglo XII, anónimo escritor de una obra de teatro en verso sobre los Reyes Magos, cada uno de los reyes tenía su propio carácter. En el *Auto de los Reyes Magos* los tres reyes ven la estrella y deciden seguirla, y, en sus parlamentos, muestran su distinta personalidad:

- Melchor es el el astrólogo, el más intelectual y culto de los personajes.
- Gaspar es un personaje de acción, más decidido en sus parlamentos.
- Y el rey Baltasar es el más incrédulo de los tres, aunque finalmente comprende el signo de la estrella y se decide a seguirla.

Y no solo tienen personalidad propia los reyes, aparece un Herodes falso y cruel, que se enfada al recibir a través de los tres magos la noticia del nacimiento de un rey por encima de él; y figuran también unos rabinos judíos a quienes se representa como confusos, liantes y mal avenidos.

El *Auto de los Reyes Magos* es uno de esos textos tempranos rodeados de oscuridad por las circunstancias en que se ha conservado: el propio nombre de *Auto de los Reyes Magos* le fue asignado por Menéndez Pidal, ya que es un texto copiado en los folios en blanco que sobraron en un códice hallado en Toledo y compuesto de textos religiosos. Pidal también separó el texto en versos y atribuyó a cada personaje sus respectivos parlamentos, ya que en el manuscrito original solo figura la lista de quienes intervienen (los tres reyes, Herodes y sus rabinos) y el texto copiado de manera seguida. Suponemos que se representó como drama litúrgico en un contexto eclesiástico y en torno al día de Reyes, y sospechamos también que quien copió el texto (o quien lo escribió, a saber) usó un castellano influido por otra variedad romance, tal vez gascona (del otro lado de los Pirineos), tal vez mozárabe (el romance hablado por los cristianos que vivían en territorio musulmán).

Los personajes de los Reyes Magos, que tienen su sitio privilegiado en la cultura, las adquisiciones y los hábitos de nuestras Navidades, fueron, pues, los personajes con los que se escribió la primera pieza teatral conservada en castellano y con ellos leemos un romance todavía muy vacilante en su escritura pero de una decidida intuición dramática. Dejo al lector con un fragmento de lo que dice Baltasar como pauta para comprobar si el niño nacido es rey mortal o celestial:

Oro, mirra i acenso a él ofrecremos,
si fuere rey de tierra, el oro querrá,
si fuere omne mortal, la mirra tomará,
si rei celestrial, estos dos dexará,
tomara el enceso quel' pertenecerá.

14 de febrero, día de san Valentín: un texto del siglo xv

Entre el desfile urbano de paseantes con ramos de rosas y mensajes publicitarios románticos y un poco horteras, el lector necesitará de un buen texto de amor para sobrellevar el día de san Valentín. Le propongo que se acerque a la lengua de fines del siglo xv, rozando ya el fin de la Edad Media, a través de la lectura de un fragmento de la *Repetición de amores* de Luis de Lucena. Esta obra se publicó impresa en torno a 1497, junto con un tratado de ajedrez, atribuido al mismo autor. Ajedrecista, posiblemente judío, y sin duda enamorado, Lucena nos explica algunos detalles de cómo representamos al dios romano del amor.

El precedente *pagano* de san Valentín es Cupido, hijo del Amor (Venus) y de la Guerra (Marte), un niño alado cuyo nombre remite a la familia léxica de lo que en latín significaba 'deseo' (es decir, lo que llamaban CUPIDITAS). Pero, ¿por qué tiene alas? Leamos a Luis de Lucena:

> Pusieron a Cupido con alas. Esto fue necesario por dos cosas: la primera, por hazer creíble lo que los poetas dél affirmavan; dizen que Cupido por todo el mundo hiere con saetas e con ardor a todos los onbres e todos los que aman son dél encendidos. Empero no podría esto hazer Cupido si no bolasse muy apriessa, porque en todos los lugares pudiese esto hazer. Así lo pone Séneca, tragedia quarta, carmine II: «Venus, llamada Hericina, embía a su hijo que ande vagando por el mundo e él, bolando por el cielo, embía las saetas muy rezias con mano tierna».

La segunda razón desto es la significación: Cupido significa el amor, el qual haze a los honbres más instables que otra pasión; e como las alas son instrumento para súbito pasar de un lugar a otro bolando, así el amor haze al enamorado de poca firmeza e de mucho mudamiento. Son los enamorados muy sospechosos; súbito creen e súbito descreen, e estando sienpre colgados de un pensamiento e poseídos de temor. Ansí lo scrive Ovidio, Libro de las Heroidas, epístola primera, que es de Penélope a Ulixes: «El amor es cosa llena de temor e de sospecha». Otrosí los enamorados súbito aman e desaman, contienden e son luego amigos, tienen quasi en un mesmo tienpo deseos contrarios, lo qual no hazen los otros poseídos de algunas pasiones. E por esso más devieron dar alas a Cupido que a otro dios.

Un siglo después del texto de Lucena, en el capítulo XX del *Quijote*, Cervantes ponía estas palabras en boca de Cupido:

Nunca conocí qué es miedo;
todo cuanto quiero puedo,
aunque quiera lo imposible,
y en todo lo que es posible
mando, quito, pongo y vedo.

Con la excusa de Cupido, ¿por qué no regalar el día de san Valentín un bonito texto antiguo sobre el amor? Por ejemplo, lea la historia de la lengua en ese manual burlón de los enamorados cursis que es el *Libro de Buen Amor*, del siglo XIV.

En febrero, entrega de los Premios Goya

El pintor español Francisco de Goya (1746-1828) da nombre a los premios anuales de la Academia de Cine española. Un domingo de febrero se hace entrega de esos premios, con desenvoltura de alfombra roja, trajes de gala, y discursos críticos o complacientes sobre el mundo audiovisual español.

¿Sabe el lector cómo escribía el pintor cuyo nombre suena una y otra vez en esa ceremonia? Podemos conocerlo a través de estas dos obras:

- *El diplomatario de Goya* publicado por Ángel Canellas López en 1981. Curiosamente, la palabra *diplomatario* no está en el Diccionario de la Real Academia Española pero se usa mucho cuando se publican documentos de un autor o lugar determinados. Un diplomatario es el conjunto de los documentos expedidos por una autoridad pública (un ayuntamiento, un concejo...); aquí vemos el término usado como la colección de documentos escritos por Goya (correspondencia, en su gran parte) o sobre él (desde su acta de bautismo a los escritos gubernamentales en que se le concedieron cargos).
- El libro de 1996 *Goya en su autorretrato lingüístico*; es el discurso que pronunció Juan Antonio Frago Gracia al ingresar en la Real Academia de Nobles y Bellas Letras de San Luis (Zaragoza).

No se extrañe el lector de que las dos obras que citamos estén ligadas a Aragón: Francisco de Goya nació en un pueblo zaragozano llamado Fuendetodos, situado en la comarca del

Campo de Belchite. Murió lejos de allí, en Burdeos, donde se había exiliado por temor a la represión contra los liberales en el Madrid de Fernando VII.

Pero volvamos a la lengua: las cartas que Goya *hembió* y sus escritos reflejan *kantidá* de formas que hoy nos resultan subestándares, como *dispertar* o *esquitar*; hay *muchismas* muestras del diminutivo en *–ico* (común en el oriente peninsular) en esos *raticos* de *combersaciones* revelados por su epistolario; también son frecuentes los aragonesismos léxicos como *borde* (para 'hijo ilegítimo'). No faltan rasgos de lo hablado como llamar a su mujer (Josefa Bayeu) *la Pepa* («Ya a parido la Pepa, gracias Dios, un muchacho muy guapo, con que nos beremos mas presto de lo que yo pensaba»). Pero sobre todo, el lector se sorprenderá al leer esta forma amistosa de firmar cartas: «Tuyo y retuyo... Tu Paco Goya».

Son los rastros que para la filología ha dejado una figura de la historia del arte español. Leamos la transcripción completa de una de sus cartas. Se la escribe el 1 de septiembre de 1779 a su amigo Martín Zapater, después de haber visitado la corte de Carlos III:

> Querido Martín: No te pude responder á lo que me preguntabas por no tener tiempo. El borroncico que tu tienes es de Francisco la invención, mia la execución y todo importa tres caracoles que no merece la pena de que sea mío ni tuyo, no vale ni un cuerno.
>
> Si estubiera más despacio te contaria lo que me onró el Rey y el Príncipe y la princesa que por la gracia de Dios me proporcionó el enseñarles cuatro cuadros, y les besé la mano que aun no había tenido tanta dicha jamás; y te digo que no podia desear mas en cuanto á gustarles mis obras, segun el gusto que tubieron de verlas y las satisfaciones que logré con el Rey y mucho más con sus Altezas y después con toda la grandeza, gracias á Dios, que yo no merecia ni mis obras lo que logré. Pero chiquio, campicos y buena vida; nadie me sacará de esta opinion y mas que ahora empiezo á tener enemigos mayores y con mayor encono.
> A Dios tu siempre
> Goya.

Estos documentos nos harán preguntarnos: ¿desde cuándo se escribe como escribimos ahora? Y algunos se escandalizarán: ¿Escribía Goya con faltas de ortografía? Hay que hacer algunas aclaraciones:

La idea actual de que existen *faltas de ortografía* se sostiene sobre un concepto previo: hay un sistema ortográfico correcto, no atenerse a él es cometer una falta. En español, ese sistema que tenemos se hace coincidir con las normas cambiantes en el tiempo que dicta la Real Academia Española. Como la Real Academia Española no se funda hasta el siglo XVIII (ya en 1726 está dictando reglas de ortografía en su *Diccionario de Autoridades*), no deberíamos hablar de *falta de ortografía* antes de esa fecha. Y además, hay que precisar que hasta 1844 no se hizo oficial (lo declaró Isabel II) la ortografía de la RAE, de forma que el tránsito hacia la obligatoriedad ocupó algo más de un siglo.

Claro es que en la época de escritura de Goya ya estaba en funcionamiento la RAE, pero por lo que vemos el excelso pintor no se hace eco de sus normas en sus escritos. Esto no es nada raro, sí es más extraño que Goya utilice algunos usos gráficos que eran verdaderamente inusuales antes de la Academia, como el empleo de la *k* o que refleje rasgos fonéticos que nunca se ponían por escrito como esa pérdida de *d* que hemos visto en *kantidá*. Por lo demás, parece seguir la tradición de escritura común a su tiempo, herencia de los hábitos gráficos de los siglos XVI a XVIII. Son los trazos que para la Filología ha dejado una figura de la historia del arte español.

a/as

8 de marzo: día de la Mujer Trabajadora

En el siglo XV Diego de Valera escribió en su *Tratado en defensa de virtuosas mugeres:*

> Es de saber que en los onbres son seys hedades, por horden delas quales la primera es ynfançia desde el nasçer fasta los siete años; segunda es pueriçia, que es de los siete fasta los doze. La terçera es adolesçençia fasta los veynte e çinco; la quarta juventud fasta los çinquenta; la quinta vejez fasta los setenta [...] en aquellas tres primeras hedades o a lo menos en las dos son los onbres administrados por las madres.

Si el lector piensa en este momento en su edad, tendrá la respuesta a si es adolescente (hasta veinticinco años), joven (hasta los cincuenta ¡qué flexibilidad!) o viejo (de cincuenta a setenta... más allá de eso, en el siglo XV no llegaban ni a definiciones).

Como en la primera parte del siglo XV circularon por Castilla abundantemente coplas y tratados misóginos, en los que se dudaba de la condición virtuosa de la mujer, varios autores, entre ellos Valera, se lanzaron a escribir tratados moralistas en pro del sexo femenino. Que las madres administren a los hombres en tres de sus seis edades era, para Valera, indicio de buena condición.

El gran maestro de la historia de la lengua española, don Ramón Menéndez Pidal, nació el 13 de marzo de 1868 y yo siempre he pensado que ese día debería ser declarado Día de la Historia de la Lengua Española. Pero en ese mismo mes, el día 8, celebramos otro aniversario relevante para las historias sobre el español: el Día de la Mujer Trabajadora. María Goyri (1874-1955) fue la esposa de don Ramón, y es una mujer muy relevante para la historia de la incorporación de la mujer a la vida intelectual española.

El lector podrá haber oído alguna vez eso de *María Goyri era la mujer de Menéndez Pidal*, pero igualmente merecido hubiera sido decir *Menéndez Pidal era el marido de María Goyri*. Fue la primera mujer en licenciarse en Filosofía y Letras (carrera precedente de nuestra actual Filología) y la primera en doctorarse. Recuperó junto a Pidal el Romancero vivo en el siglo xx en Castilla e investigó sobre historia del lenguaje literario. En la universidad española actual estamos acostumbrados a asistir a clases mixtas, y a tener profesores de ambos sexos, por eso nos resulta escalofriante el relato de la primera clase que María Goyri recibió en la Facultad de Filosofía y Letras:

> Cuando María Goyri apareció en la puerta de la universidad para dar su primera clase, un portero estaba esperándola. La condujo, ante la sorpresa de los estudiantes, hasta la sala de profesores. Allá el decano de Filosofía y Letras se acercó ceremoniosamente a la muchacha. 'Señorita, quedará usted aquí hasta la hora de clase. Yo vendré a recogerla'. Cerró con llave y se fue a sus ocupaciones. Cuando sonó la campana el profesor regresó, abrió el encierro y, ofreciéndole el brazo, le hizo caminar lentamente entre dos filas de estudiantes que, entre asombrados e irónicos, veían la irrupción de la igualdad de los sexos instalada en su universidad. (El fragmento pertenece a María Teresa León, sobrina de Goyri, escritora.)

Fueron varias las mujeres que abrieron el camino a la presencia de otras mujeres en la universidad española desde el último tercio del xix: Concepción Arenal (1820-1893) que hubo de estudiar disfrazada de chico, o María Elena Maseras (1853-

1900), primera universitaria española que se matriculó en la Facultad de Medicina. Esta historia sobre el español que cuento ahora no es tanto la historia sobre un aspecto de la lengua sino la historia de una española. Pero también es la historia de muchas españolas, y de muchas otras mujeres del mundo, que se han abierto paso con valentía y esfuerzo en espacios donde no eran esperadas. Hoy doy clase en un aula llena sobre todo de alumnas, tengo abundantes compañeras en universidades del mundo que se dedican, como yo, a la historia de la lengua, y sé que el lector no está prevenido a favor ni en contra de este libro por la circunstancia de que haya sido escrito por una mujer. Y en todo eso tiene una parte de responsabilidad María Goyri.

Víspera de Semana Santa: Viernes de Dolores

El Viernes de Dolores es el inmediatamente anterior al Domingo de Ramos, y el que anuncia ya la Semana Santa. Es también el día del santo oficioso de las mujeres que nos llamamos *Dolores*. A este nombre femenino le ocurre como a otros antropónimos, que tienen un género como nombre común que contradice su uso como nombre de persona:

- el dolor de cabeza (masculino)   pero   Dolores (femenino)
- el rey de la fiesta (masculino)   pero   Reyes (femenino)
- el amparo de la ley (masculino)   pero   Amparo (femenino)
- el consuelo necesario (masculino)   pero   Consuelo (femenino)

Claro que esto no es igual en toda la comunidad hispanohablante. Si en España *Dolores* es nombre de mujer, en México hay hombres llamados *Consuelo* o *Dolores*. Por cierto, *Dolores* es también un nombre de pueblo, como saben bien en México, ya que el famoso *grito de Dolores* fue el acto inicial de la independencia mexicana: en la parroquia de Dolores, el sacerdote mandó tocar las campanas para convocar a sus feligreses a sublevarse contra el virrey de España.

Casi todos los nombres de esta naturaleza remiten a advocaciones religiosas de la Virgen María que se extendieron por España sobre todo desde el siglo XVIII. Cuando viví en Oxford, quise explicar a mis compañeros de *college* que mi nombre significaba en español 'sufrimiento' 'sensación molesta', pero solo recibí miradas extrañas incapaces de comprender por qué en nuestra lengua es posible tener como nombres de pila formas que evocan sufrimiento: *Dolores, Soledad, Angustias...* Es una de las virtudes que tienen los nombres propios: exiliar al nombre de su significado cuando es un nombre común y quitarle incluso la identidad de género y de número (*los reyes* son dos o más, pero *Reyes* es una sola mujer).

Claro que el género de *dolor* ha sido también femenino. Puede fijarse el lector en estos versos del poeta riojano del siglo XIII Gonzalo de Berceo. Escribe de un ciego al que se rocía con agua bendita y que vuelve a ver:

> *La dolor e la cuita fue luego amansada,*
> *la lumne que perdiera fue toda recombrada.*

O sea, en la Edad Media se podía decir *el dolor* y *la dolor*. Los nombres que acaban en *–or* eran en general masculinos en latín, pero en castellano medieval se usaban a veces como femeninos (*la dolor, la sabor, la honor*). El romance castellano cambió al femenino estos nombres seguramente por el parecido del sufijo *–or* con otra terminación, *–ura*, de género femenino. Hoy, de hecho, tenemos parejas en español como *frescor/frescura, verdor/verdura, amargor/amargura* o *tersor/tersura*. Los géneros gramaticales presentan estos fenómenos de cambio, algunos asociados a preciosas modificaciones de significados, como el conocido dicho que señala que *la calor* es peor y más insoportable que *el calor*. ¡Qué dolor la calor!

En Semana Santa: las torrijas de mi madre

Espero que el lector afronte la lectura de este capítulo bien surtido de dulces tan ricos como las torrijas.

La receta de las torrijas:
compramos pan en rebanadas (lo hay especial para torrijas), calentamos un cazo de leche con canela y azúcar; dejamos enfriar y remojamos el pan en la leche. Luego pasamos el pan por huevo batido y lo freímos en aceite de oliva bien calentito. Se secan, se rebozan con un poquito de azúcar y se olvida uno de la operación biquini.

En España es típico que las torrijas se tomen como postre en torno a la Semana Santa, fecha en la que disponemos de algunos días de vacaciones que podemos aprovechar para *torrarnos* en la playa, olvidarnos del *tostón* de nuestro jefe o desayunar *torrijas* en lugar de *tostadas*.

Quiero que el lector observe cómo cada uno a su manera en las vacaciones de Semana Santa acerca a su mundo y a su historia cualquiera de los resultados del latín TOSTARE, a su vez venido de TORRERE. La *tostada*, la *torrija* (o *torreja* en parte de América), el *torrezno* o tocino frito, los *tostones* o trozos de pan frito que dan su forma al *tostón* o persona aburrida a quien no quieres ver en vacaciones.

En el siglo XV Velasco de Taranto recomendaba en su *Tratado contra la peste* este remedio para tan terrible plaga: *la tajada del pan tostada comida después de la yantar sin bever*. En el siglo xvii, Francisco Martínez Motillo escribía su tratado de gastronomía citando aquí y allí a las torrijas como rebanadas de pan: *batirás dozena y media de huevos, y mojarás vna torrija en ellos [...] y echa la torrija, y los huevos todo junto en la sartén, hazerse ha como vna esponja*. Decía en el siglo xvi Eugenio de Salazar que *cuando los hombres nos hacemos al pan casero y al torrezno de las mañanas no nos sacarán de casa aunque nos prometan [...] mil reses vacunas*.

Los textos históricos en español recomendaban, pues, las torrijas y los torreznos por encima de cualquier miedo ante el colesterol y se apostaba por esta comida barata pero nutritiva, fruto de gestionar las casas con lo que había: el pan, el huevo, el aceite, el tocino. Todo iba a la candela y salían las comidas que están en torno a TOSTARE y TORRERE.

Miro uno de los postres de la carta del famoso restaurante Celler de Can Roca, en Gerona, considerado el mejor del mundo en los años 2013 y 2015, y veo que las recetas que gustan ahora son muy distintas de las medievales. A lo mejor preparar esa *Flower bomb* sí que es un verdadero *tostón*.

Flower bomb
(CELLER DE CAN ROCA)

crema de rosas, níspero con azahar,
sorbete de camomila, gelatina de
caléndula, nube de violeta
y aceite de jazmín

La Feria de abril de Sevilla como campo de investigación

Con ánimo de investigación filológica el lector puede visitar la Feria de abril de Sevilla, que se celebra dos semanas después de Semana Santa. Es una fiesta sin excusa religiosa en que se montan *casetas* que agrupan a familiares, amigos o trabajadores de empresa.

Hay una diferencia entre *feria* y *fiesta* en la historia del español; *feria* era, a partir de las ferias de ganado, una celebración no religiosa; *fiesta* era la organizada a partir de una conmemoración cristiana (un día del santoral, la Navidad... es el *santificarás las fiestas* de los Mandamientos). Sebastián de Covarrubias recogía ya en 1611 (*Tesoro de la lengua castellana o española*) un refrán que aún usamos: *Cada vno dize de la feria como le va en ella.*

Además de comer, beber y bailar, entiendo que la Feria de Sevilla es también un momento ideal para hablar del genitivo en latín, un tema que no para de comentarse en las casetas, como se puede deducir del nombre de una caseta sita en la calle Ricardo Bombita (las calles de la Feria tienen nombre de torero): DOMUS ROMANORUM o ‹casa de los romanos›.

ROMANORUM es genitivo plural en latín, una lengua con casos, es decir, donde la terminación de las palabras definía su papel sintáctico. Tal sistema se perdió en la génesis de las lenguas romances, que reemplazaron generalmente los casos por preposiciones, por ejemplo, en lugar del genitivo empleamos estructuras con *de*: APRILIS FERIA se hubiera llamado en latín lo que es hoy *Feria de abril*, con el adjetivo delante.

Y no solo hemos barrido el sistema de casos, hemos perdido otras cosas latinas. También tema recurrente sobre el que se oye conversar en la Feria de abril sevillana es la pérdida léxica ocurrida en latín vulgar. Pensemos que hoy ya no decimos DOMUS, como reza el nombre de esa caseta, sino *casa*. DOMUS era la palabra convencional para 'casa' en latín, mientras que CASA era una construcción menos elaborada: una cabaña (¡o una caseta de la Feria!, al fin y al cabo las casetas son estructuras efímeras) eran CASAS en latín. En un fenómeno típico del latín vulgar, este par léxico se redistribuyó de forma que se hizo forma general justamente la palabra que aludía a la realidad menos refinada, perdiéndose la otra. Así, DOMUS no ha dejado herencia en español, más allá de algún derivado creado por vía culta (como *domicilio*, o *domótica*, que se ha traído del inglés).

Como puede el lector comprobar, en la Feria unos bailan sevillanas para celebrar el triunfo de las preposiciones, en tanto que otros pasean a caballo por ver si hallan un resto de caso locativo en alguna esquina. Eso de haber descubierto que la Feria de abril es una fiesta consagrada a la historia de la lengua... ¿no es para sentirse orgulloso?

22 de abril, día de la Tierra

En algún momento, el hombre mira lo que hay en la naturaleza y trata de reproducirlo como puede. Pinta un bisonte, compone un paisaje en un lienzo, recrea con una flauta el sonido del río al bajar, canta imitando el trino de un pájaro o mueve el cuerpo en un baile que trata de emular al movimiento del olmo bajo un viento furioso.

Quiero que el lector sepa que también en la historia de la lengua vemos esa imitación de la realidad del mundo a través de las palabras del hombre. Son los nombres de los lugares, que también llamamos *topónimos*. Empequeñecido ante una inmensidad natural que quiere someter, y que conquista primero dándole una denominación, el hombre recrea a su manera en la toponimia las condiciones físicas de los lugares que habita. Nuestros antepasados llamaron *Rioseco* a ese río poco caudaloso con el que convivían, a aquel lugar plagado de viñas lo denominaron *La viñuela*, a la sierra pequeña bajo la que instalaron sus casas la motejaron *Serrata*... son nombres antiguos pero transparentes, por eso los comprendemos aún hoy, como *Almendricos*, *Los lobos*, *El olmo*, *Alameda*...

Pero a veces la evolución fónica nos ha borrado la motivación primitiva del nombre: un lugar pleno de encinas al que los árabes llamaron *Qaryat al-Bollut* o 'Alquería de las encinas' hoy es *Albolote* (en Granada) frente al más claro *Encinas de Abajo* (de Salamanca). La fuente de la que manaba agua sulfurosa, tenida antes por hedionda, era la FONS PUTIDA o 'fuente pútida, hedionda', esa es la razón del topónimo *Ampudia* (comarca de Tierra de Campos, Palencia) y ese mismo adjetivo se reconoce más claramente en el nombre del *Repudio* o río Pudio, afluente del Guadalquivir en Sevilla. La historia de muchos de nuestros topónimos es a veces brumosa porque tenemos el resultado actual de una forma original que no hemos podido esclarecer. Decía Menéndez Pidal en uno de los capítulos iniciales de su *Historia de la Lengua*:

«El interés evocador de la toponimia se simboliza bien en aquella leyenda de la ciudad sumergida en un lago sobre cuyas aguas se siguen oyendo las voces de los habitantes allí desaparecidos. En los nombres de los ríos, montes y lugares escuchamos efectivamente ahora la voz lejana de los pueblos que nos precedieron sobre nuestro suelo.»

Algunos son nombres misteriosos, otros han dejado de serlo por la investigación en historia lingüística y otros, aunque transparentes, son igualmente enigmáticos: ¿por qué llamaron *La hija de Dios* a una pequeña localidad de Ávila?, ¿qué hubo en Palencia para que alguien llamara a su lar *Caserío de Magialengua*?

1 de mayo: día del Trabajo

La palabra *trabajo* designaba originalmente a un tipo de tortura, muy retorcida, compuesta por tres palos (TRI-PALIUM). Se amarraba al acusado a esas tres estacas y se le atormentaba o quemaba. Del brutal martirio que provocaba ese instrumento salió el significado de *trabajos* como 'penalidades'. Esto es, el utensilio que causaba el dolor dio nombre al propio dolor causado. Es un tipo de derivación (de causa a efecto) muy típica en los cambios de significado de las palabras; la conocemos por *metonimia*.

Todavía en la Edad Media se hablaba de los *trabajos* que nos manda el Señor y hoy decimos que algo es *trabajoso* como algo negativo. La famosa cita de *Génesis* 3 en que se reprende al hombre por comer del árbol prohibido condena al hombre a comer buscando con trabajo el fruto de la tierra. La versión bíblica en romance conocida como *Escorial 4* (del siglo XV) decía:

> por quanto obedeçiste el dicho de tu muger e comiste del arbol que te defendí e dixe non comas dél, maldicta sea la tierra por ti, con trabajo comerás todos los días de tu vida.

Si los que tienen *trabajo* a veces sufren *trabajos* y penalidades en él, aún menos ventajosa es la situación de los *parados*. El latín PARARE era 'preparar'. Por eso, en el siglo XVI aún se escribían frases como:

Dexemos las pláticas, pues ya la vianda está parada
(1554, *Comedia Florianea*)

Si la comida estaba *parada* es que estaba *preparada*. El sentido de 'detenerse' para *parar* lo encontramos desde el siglo XIV. Y en América se añadió otro sentido de *estar parado*: 'estar de pie'. En la novela de Vargas Llosa *Conversación en la catedral*, leemos esta frase:

> La Ley de Seguridad Interior no es para mocosos que no saben dónde están parados.

Muchos de los parados de hoy lo son en los dos sentidos de la palabra: están *parados* aun estando más que *preparados* por sus estudios y experiencia, y están *parados* porque se ha *parado*, detenido, su carrera laboral.

El lector debe recordar la lección que dan nuestras historias sobre el español acerca de estas voces relacionadas con el 1 de mayo y tener presente que estar parado puede significar también estar preparado y estar de pie. Y no tiene por qué implicar valer menos que los que trabajan o abatirse hasta conseguirlo. Feliz Día del Trabajo.

21 de junio: empieza el verano

No hay un verbo *primaverar* y tampoco existen *otoñito* ni *inviernito*. Pero tenemos *veranear, irse de veraneo, veranito*... Como el verano es el tiempo de las vacaciones, parece que disponemos de tiempo de sobra para crear palabras a partir del nombre de esta estación.

Pero el verano, derivado de VERANUM TEMPUS, era en castellano y hasta el siglo XVIII... la primavera. Por eso dice el refrán *una golondrina no hace verano* cuando llega una primera golondrina aislada; no podemos generalizar a partir de un solo caso, nos enseña ese refrán, pero no nos está hablando de que las golondrinas traigan, al término de su periodo africano, un verano lleno de calor:

¡Lo que traen las golondrinas es la primavera!

Popularmente, por tanto, el verano no empezaba el 21 de junio, como reza ahora en los calendarios españoles al consignarse la fecha de inicio del verano boreal; el verano era la segunda primavera.

Por eso, de esta concepción del año salía un número de cinco estaciones. *Verano* y *estío* eran dos estaciones distintas: el verano empezaba al final de la primavera y el estío ocupaba los propios meses de calor. Así lo consignaba Cervantes en el *Quijote*:

> A la primavera sigue el verano, al verano el estío, al estío el otoño, al otoño el invierno, y al invierno la primavera, y assí torna a andarse el tiempo.

Otros borraban la primavera, y ponían al verano en su lugar; el *estío* era así la segunda de cuatro estaciones, como señalaba Juan de Mena en su *Comentario a la Coronación del Marqués de Santillana*, en el siglo xv:

> Demuéstrase el año departido en quatro tienpos: en verano e otoño e estío e invierno; e esto de tres en tres meses: el verano es março, abril e mayo; el estío es junio, julio e agosto; el otoño es setienbre, otubre e novienbre; el invierno es dezienbre, enero e febrero.

Por fin, lo que terminó imponiéndose es la separación de cuatro estaciones (*primavera, verano, otoño* e *invierno*) que tenemos hoy. La noción de 'primavera tardía' del *verano* fue borrando al *estío*. *Estío*, por su parte, se dejó de usar como nombre normal de una estación.

En el siglo xviii mandamos de veraneo al *estío* como nombre de una estación, y ya es para nosotros solo un sinónimo poético de *verano* que apenas empleamos más allá de su derivado *estival* (*vacaciones estivales*). Ay, si las vacaciones de verano empezasen, de verdad, en marzo...

7 de julio: ¡San Fermín!

Pamplona (Navarra) es el escenario de los famosos sanfermines. Como todos los años, los telediarios nos enseñan su arranque, nos dan noticia del chupinazo, mencionan a Hemingway y hablan de cómo han corrido los mozos ante los toros.

La *Iruña* prerromana tiene en su topónimo la raíz vasca *Ili*, y los romanos la llamaron *Pompaelo* al refundarla; fue una de las pocas ciudades romanas de la zona montañosa del norte. Navarra es un escenario lingüísticamente asociado a otros. Conviven históricamente, y hasta hoy, el vascuence y el romance. Ese romance venido del latín y puesto por escrito en la documentación medieval es llamado por muchos *navarro-aragonés* por su vinculación con el romance del Reino de Aragón.

En los textos medievales escritos en romance navarro es normal encontrar las grafías *oa* (*aguoa* para *agua*) e *yll* (*vaylle* para *valle*) y uno de los rasgos que lo diferencian del castellano es que en navarro hay diptongación de o breve latina en situaciones donde no se diptonga en castellano, por ejemplo en FOLIA, que en castellano ha dado *hoja* y no *hueja*, pero en navarro es *fueylla*; además, como se ve en esta *fueylla*, en navarro no se aspira la *f-* latina inicial.

El antiguo Reino de Pamplona, luego Reino de Navarra, tendía lazos con las monarquías asturianas, llegó en su área de influencia hasta La Rioja y a partir de mediados del siglo XIII fue gobernado desde Francia (por ello, la documentación oficial de esa época está escrita en gascón). En Roncesvalles, en el Pirineo navarro, se situaba legendariamente una batalla contra los musulmanes en la que lidiaba el héroe caballeresco Roldán en la famosa *Chanson de Roland*, del siglo XI, poema épico escrito en francés.

Es, pues, una zona de cruce de influencias políticas, y, consecuentemente, lingüísticas. La escritura del romance varió notablemente cuando en 1512 Navarra se incorporó a la Corona de Castilla bajo Fernando el Católico y el romance navarro aceleró su confluencia con el castellano.

Enclave vasco-románico, romance navarro-aragonés, vestirse de blanquirrojo para correr ante los toros... parece existir un andar combinado, en cuadrilla, en la historia cultural de Navarra, igual que se combinaron la investigación sobre la lengua y sobre la literatura en la obra del distinguido filólogo Amado Alonso (1896-1952), que nació en un pueblo de Navarra, Lerín, y fue a morir exiliado en Arlington (Estados Unidos), tan lejos de España, porque en esas fechas había por aquí otros toros que lidiar.

1 de agosto: operación salida

No importa qué otras cosas pasen en el mundo. Podemos prever que cualquier 1 de agosto la noticia que abrirá el telediario en España será la *operación salida hacia las playas*: accidentes, atascos, imágenes de coches repletos de maletas y denso trajín por los aeropuertos.

En la playa, nadie pensará de dónde sale esta palabra si en latín lo que se decía era COSTA. Si miramos el *Diccionario* de Corominas, del que ya hablamos en la sección anterior, comprobaremos que esa forma *playa* viene del latín tardío PLAGIA, un helenismo (o sea, una voz traída del griego) que significaba 'lado, costado'. Decía Corominas, para sostener su hipótesis: «La playa es el costado del mar, como lo es también de la tierra.»

La palabra *playa* era poco usada en la Edad Media, porque en esa época el hábito de bañarse en playas no era común. La costa era un horizonte al que llegar desde un barco con propósito comercial y militar, y el baño por placer se desarrollaba más bien en los ríos. Con el campo y los arroyos más accesibles y sin necesidad de *operación salida* de ningún tipo, un 1 de agosto, o cualquier otro día, una dama podía bañarse en el río y luego, al secarse, estrujar en sus manos la arena fluvial. Así, en la primera novela de género pastoril escrita en España, *Los siete libros de la Diana*, obra en castellano del literato y músico portugués Jorge de Montemayor (1520-1561), se canta a lo voluble de las mujeres a partir de lo que una de ellas escribe en la arena... de un río:

*Sobre el arena sentada
de aquel río la vi yo,
do con el dedo escribió:
«Antes muerta que mudada».
¡Mira el amor lo que ordena,
que os viene a hacer creer
cosas dichas por mujer
y escritas sobre el arena!*

El lector se sorprenderá de que en este poema con eco de buen tiempo se hable de *el arena* y no, como hacemos nosotros ahora, de *la arena*. Ello ocurre porque en español tenemos dos artículos femeninos, ambos derivados del femenino latino ILLA: uno que es *la*, el más común, y otro que es *el*. Este femenino *el* hoy es usado solo ante sustantivos que empiezan por *a* o *ha-* tónicas (lleven tilde o no): *el agua, el hambre, el águila*. Pero en la Edad Media ese *el* femenino se utilizaba también ante sustantivos femeninos que empiezan por *a* átona (*el arena, el aldea*) y ante *e, i* (*el esquina*). Como las olas se van y se vienen, se nos ha ido la *costa* del latín ante la *playa* del castellano, y se nos fue *el arena* para dejarnos ante la arena, suave, blanca, y fina con que inaugurar el verano.

El final del verano

Pero qué tristeza, madre mía. El final del verano y de fondo sonando la plúmbea canción del Dúo Dinámico *El final del verano llegó y tú partirás*. Los finales son muy importantes para nuestras historias sobre el español. Nos interesan, por ejemplo...

- Los finales de las palabras o terminaciones (cómo se extendió el sufijo culto *–ción*, en qué palabras se usa la terminación árabe *–í* del tipo *ceutí, iraní*...).
- Los finales de un cambio lingüístico, es decir, qué ocurre con las formas que ya están en trance de perderse: a veces se pierden por completo (no queda ni rastro ya de los *aqueste, aquese* que se usaron en la Edad Media) y otras veces, cuando la lengua general las ha perdido, la lengua dialectal les sigue siendo fiel y se refugian como rasgo de una zona (el artículo con posesivo, *la mi amiga*, que se perdió para el castellano general pero hoy se oye en zonas de León y Salamanca).

Pero además de los finales, también nos interesan *las finales*. *Final* es el adjetivo que se aplica también a oraciones como las de estos poemas:

> ***Para que*** *yo me llame Ángel González,*
> ***para que*** *mi ser pese sobre el suelo,*
> *fue necesario un ancho espacio*
> *y un largo tiempo*
> (Ángel González)

> *Tu desnudez derriba con su calor los límites,*
> *me abre todas las puertas **para que** te adivine,*
> *me toma de la mano como un niño perdido*
> *que en ti dejara quietas su edad y sus preguntas*
> (Roque Dalton)
>
> *Para el cuerpo, recién nacido de la noche, todo fue nuevo.*
> *Ignoró, **por no** entristecerse,*
> *que el alma tenía recuerdos*
> (José Hierro)
>
> *Cerca del agua te quiero tener*
> ***porque** te aliente su vívido ser*
> (Miguel Hernández)

Como ve el lector, no todas las subordinadas finales se escriben con *para*, también se usan *por* + infinitivo («por no entristecerse») y *porque* + subjuntivo («porque te aliente»). Ello se debe a la estrecha relación que hay entre la expresión de la causa y la de la finalidad. Para ambas se empleaba en la Edad Media *por* y *pora* (que viene de PRO+AD) hasta que en el siglo XIV comenzó a crecer el uso de *para*, venido de *pora*.

Hoy diferenciamos los *porqués* y los *para qués*, pero nuestros antepasados, como vemos, no tenían medios lingüísticos tan distintos. ¿*Por qué* hay que volver al trabajo después de las vacaciones? *Para* poder disfrutar de ellas de nuevo dentro de un año.

Empieza la Liga:
un domingo viendo el Betis

El Betis tiene un papel, y no es pequeño, en la historia de nuestra lengua. El lector debe entender que esto es un texto científico y, si es de otro equipo distinto al Betis, no dejar que sus colores le nublen las verdades lingüísticas que ahora expongo:

- Razones de preservación filológica: hoy la más típica conjunción concesiva es *aunque*, en la Edad Media era *maguer*. Pero hay también una conjunción concesiva que se registra en el habla vulgar de algunos puntos de España (Andalucía, Extremadura, Murcia, La Mancha, Salamanca...) y en varias zonas hispanoamericanas (Caribe, México, Colombia, Argentina...): *manque*. Este *manque* significa lo mismo que *aunque* y pudo venir de *mas aun que*. Se puede encontrar en literatura de tipo folclórico, en transcripciones de encuestas hechas en zonas rurales... no ha pasado nunca al estándar. Pero hay un club de fútbol, y ese es el Betis, que apostó en los años 50 por usar este *manque* en su lema oficial. Por la recurrencia con que perdía ante sus rivales y el ánimo que mostraba al levantarse una y otra vez tras la derrota, el eslogan de este equipo es ¡*Viva el Betis* MANQUE *pierda!*
- Razones de uso verbal: el subjuntivo independiente en español tiene uso limitado a algunas frases que expresan deseo, también llamadas en español desiderativas, del tipo *vivan los novios* o *viva el Betis*.

- Razones de pronunciación: hay una consonante española que describimos como «palatal fricativa sorda» (la del sushi de la historia que vimos al principio del libro). En la Edad Media se escribía con *x* y fue un fonema muy común, luego desapareció porque esa palatal fricativa sorda se empezó a pronunciar más atrasada, como la *j* ante vocal o la *g* ante *e*, *i* (*mujer, gitano*) ¿Qué ejemplo podríamos poner? La palatal fricativa sorda sonaba como el ¡*Musho Betis*! que hoy dice la masa enardecida en bibliotecas, congresos científicos o incluso en partidos de fútbol... Nuestros antepasados medievales pronunciaban *dixo* (hoy *dijo*) con ese mismo sonido, que desapareció y que ha reaparecido en zonas hispanohablantes, como la andaluza, pero en otro lugar del sistema consonántico, en forma de variante de la *ch*.
- Razones de uso léxico: los préstamos del inglés (*football*) pueden adaptarse gráficamente (*fútbol*) o calcarse como traducción. *Balompié*, de Real Betis Balompié, es uno de esos calcos, se ha tomado la palabra inglesa, se la ha separado en partes (*foot+ball*) y luego se ha traducido cada una de esas partes al español.
- Razones de similitud con instituciones filológicas: la Real Academia Española es la entidad responsable de las distintas reformas ortográficas que se han dado en español desde el siglo XVIII; es *real* porque nace con la protección de la monarquía, igual que instituciones como, por ejemplo, el Real Betis.

Debemos dar el papel que se merece al más filológico de los clubes de fútbol españoles: está claro que ensalzando al Betis animamos a la Filología.

12 de octubre: día de la Hispanidad

Un 12 de octubre de 1492 desembarcó Colón en una tierra que creyó ser Asia, que hoy es parte de las Bahamas y que calificamos como parte del continente americano. Por eso, en esa fecha se celebra la fiesta nacional de varios países vinculados a ese proceso de colonización que se abrió en 1492.

El nuevo territorio al que se llegó fue llamado primero *Indias*, porque se pensó que era lo único que podía estar al otro lado de Europa. Luego se llamó *América* en honor a Américo Vespucio (1454-1512), tal vez quien primero percibió que ese territorio era una inmensa novedad interpuesta en el camino hacia Asia. Como los continentes tienen género femenino, *Américo* se continentalizó en *América*, pensando al principio más en la América del sur que en la del norte, menos desbrozada y colonizada que la parte meridional.

El término *Latinoamérica* tiene una historia más reciente; con él nos remontamos a mediados del siglo XIX, cuando en el ambiente literario e intelectual de América del Sur empieza a usarse esta denominación. Al aludir a lo *latino* se incluía no solo a la América española, sino también a la América bajo influencia francesa y la de habla portuguesa (Brasil, fundamentalmente) cuya lengua era también romance y de origen latino como el español. Pero hubo también una interpretación interesada del término desde el otro lado de América: lo latino incluiría a España pero también a otros territorios que fueron parte del Imperio romano, como Francia, que se frotaba las manos en ese tiempo ante la posibilidad de ejercer dominio sobre México y en 1862 estaba invadiendo Veracruz. Con *Latinoamérica* el territorio se acercaba a Europa y se separaba de España al mismo tiempo que se podía acercar a una potencia como Francia. Como *lo latino* no es exactamente *lo romano*, porque *latino* es en rigor lo relativo al *Latium* o *Lacio*, solar fundacional de Roma, hoy esta denominación tiene sus detractores. Pero a partir de ella ha surgido el adjetivo de *latino* para nombrar a los migrados suramericanos y centroamericanos; son también *latinos* sus hijos, la segunda generación de inmigrados a Estados Unidos.

Existen también *Iberoamérica*, que alude a *Iberia* como la Península de la que proceden las lenguas iberorromances habladas en el centro y sur de América, e *Hispanoamérica*, que delimita solo a la zona de habla española. Y ahora se habla de lo *panamericano* y de lo *panhispánico* para incluir a ese amplio conjunto de pueblos que parecen compartir una identidad común al tiempo que numerosísimas diferencias internas. Si Colón parece que llegó con bastante inocencia a una América que para él no era tal, los nombres que se han dado a ese territorio no son tan inocentes, como observa el lector.

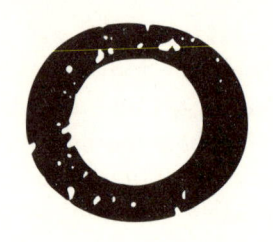

22 de diciembre: sorteo de El Gordo

El lector sabe de qué soniquete le hablo. El 22 de diciembre por la mañana, cuando se celebra el Sorteo Extraordinario de Navidad, media España se toma el café escuchando a un niño que lee un número y a otro que lee un premio. Así hasta que cae *El Gordo*, el premio más alto. ¡4 millones de euros, cuatrocientos mil euros al décimo!

Entonces miramos nuestro billete de lotería, comprobamos que de nuevo no nos ha tocado El Gordo y decimos la frase consolatoria de *Bueno, lo importante es la salud*. Propongo al lector que piense en los gordos de la Historia del Español para olvidarse de su mala suerte en el juego.

En latín señalaban el concepto de 'gordo' con el adjetivo CRASSUS, que no entró en el castellano vernáculo pero que hemos recuperado como cultismo al decir cosas como:

> Craso error no haber comprado lotería en Altea, donde tocó este año.

La palabra CRASSUS pasó a GRASSUS (el sonido /k/ de la inicial se hizo /g/, como hoy ocurre cuando decimos *gabina* o *guchillo*) y así lo han heredado casi todos los romances que nos rodean (catalán, francés, italiano...). En español también tenemos *graso* pero en el sentido de algo que está seboso, aceitoso, por ejemplo cuando al hablar de alimentos decimos:

Si me toca la lotería, aunque sea un premio pequeño, lo celebraré comprando un jamón de Aracena (Huelva), que tiene muy poca *grasa* y está exquisito.

La palabra que usamos en español de forma patrimonial para hablar de algo abultado en carnes es, pues, *gordo*, que no fue una voz general en latín, sino hispana, prelatina, por eso hoy se usa solo en español y portugués. Junto con ella tenemos otras palabras como *obeso* (del latín OBESUS, participio de OBEDERE, 'comer más de lo preciso') o la simpática *rechoncho*, que se documenta en español desde el siglo XVIII y cuyo étimo es bastante oscuro, lo mismo que la más antigua *orondo*.

Si ha habido reyes apodados *el Sabio* (Alfonso X), *el Bravo* (Sancho IV), *el Doliente* (Enrique III) o *el Impotente* (Enrique IV), hemos tenido también a un Sancho I *el Gordo* (o *el Craso*) de León, que en la segunda mitad del siglo X decidió hacer un plan de adelgazamiento en Córdoba, a la orden de los sabios médicos del Califato de Abderramán III. Estos le impusieron una cuarentena a base exclusivamente de infusiones para librarlo de su obesidad mórbida y que pudiera montar a caballo o ponerse armadura. El Gordo también pensaría en eso de que *lo más importante es la salud*.

28 de diciembre: Día de los Santos Inocentes

Te lo cuento y no te lo crees: gente a la que le mola que sus enemigos sean malvados de verdad. Si solo son un poquito malos, se quejan porque los amigos lo deben ser al máximo y los enemigos también. Raro, ¿no? Si piensas que los refranes son una valiosa síntesis del sentido común de toda la vida, fíjate en este refrán aragonés medieval: «Tanto vale amigo que no vale como enemigo que no nuece», es decir: de nada sirve ni el amigo poco valioso ni el enemigo poco dañino. El *enemigo que no nuece* es el *enemigo que no perjudica*. No tiene nada que ver con las nueces como fruto. Se trata del verbo latino NOCERE, que significaba 'dañar' y que en las formas *nucir* o *nocir* se empleó bastante en la Edad Media. Desde el siglo XVI ya cayó en desuso, pero nos quedan derivados salidos de él como *nocivo* ('dañino') o *inocente* (INNOCENS-TIS), que es quien no hace daño ni perjudica.

Cada 28 de diciembre se celebra el Día de los Santos Inocentes, que recuerda la matanza de niños menores de dos años ordenada por el rey Herodes. Como decía en el siglo XVIII el primer diccionario de la Real Academia Española, *inocente se llama el niño que está en el estado de no conocer la malicia: y por esta razón se llaman innocentes los que hizo degollar Herodes, porque es común llamar innocentes a los niños*. El episodio de los santos inocentes se basa en un relato bíblico y en España e Hispanoamérica provoca un curioso efecto rebote. Para conmemorar un hecho tan aciago como una matanza, se hacen bromas, normalmente diciendo que ha ocurrido algo, para a continuación llamar *inocente, inocente* al que creyó que había aterrizado una nave marciana en el pueblo, que Los Beatles eran en realidad de Cádiz o que el monigote que le habían puesto en la espalda no se lo puso su cuñado. Las inocentadas tienen su punto, sobre todo si no te las gastan a ti.

Pensarás que es una inocentada que te diga estas curiosidades que tienen que ver con filólogos y estudiosos de la historia del español. La primera: ¿te suena *La ciudad no es para mí*? Es una película de 1966, con el actor Paco Martínez Soria, de esas que reponen todos los años en la tele. La historia es esta: un abuelete de un pueblo aragonés va a Madrid a visitar a su hijo y descubre los pecados y los placeres de una gran ciudad. El guion original fue escrito por el académico (y también aragonés) Fernando Lázaro Carreter (1923-2004), quien se refería a esta obra como un «pecado venial». Esta película tuvo mucho éxito en su momento y ayuda como contraejemplo a la idea común de que a los filólogos nadie les hace caso. También creerás que es cuento que te diga que Antonio Machado comía papel. Literalmente. Lo confiesa él mismo en alguna de sus cartas privadas: mordisqueaba esquinas de papel, por distracción del estómago o del tiempo. Los pisos de estudiantes actuales son muy afortunados de poder comer como plato de subsistencia macarrones con tomate, porque más ingrato es comer papel.

Y alguna historia curiosa más: el fundador de la filología en España, Ramón Menéndez Pidal (1867-1968) fue designado comisario regio en 1904 para mediar en el conflicto de fronteras que mantenían Perú y Ecuador, a fin de que visitara los archivos de Quito y Lima buscando documentación que ayudara a ambas naciones a alcanzar un tratado de límites. En ambos países fue tratado con toda obsequiosidad y llegó a presidir una corrida de toros hecha en su honor.

Uno se imagina con toda su inocencia a un filólogo enterrado en libros y bibliotecas, y no escribiendo el guion de una película costumbrista o saludando al tendido en la plaza. Pero me voy a inventar un refrán de filólogo que justifique estas historias tan parecidas a una inocentada: salir de los libros no nuece y se agradece.

Natalia cuenta Navidades

A sus 23 primaveras, la actriz ya ha ganado varios premios... Eso de contar lo años por primaveras lo dicen mucho en la prensa del corazón, pero siempre hablando de gente joven (nadie dirá que tal personaje murió *a sus ochenta y cuatro primaveras*, ¿verdad?). De todas formas, la historia del español nos enseña otra forma de contar los años: contar navidades. Esta es la segunda acepción que daba el primer diccionario académico, el *Diccionario de Autoridades* (1726-1739), de la palabra *Navidad*:

> Se toma assimismo por lo mismo que Año, y se usa freqüentemente en plurál y assi para decir que uno tiene muchos años, se dice que tiene ò que cuenta muchas Navidádes.

Cada año sumamos una Navidad, pero la Navidad sigue presente en nuestra lengua una vez que pasa enero. El peso de esta celebración en nuestro sistema de nombres propios se observa en los antropónimos femeninos *Noelia*, *Natividad* y *Natalia*, tres nombres de mujer que simultáneamente homenajean a la Navidad.

Con el nombre *Natividad* (latín NATIVITAS) se alude al nacimiento o *natividad* de Jesús, y de dicha palabra deriva la propia de *Navidad*. El grupo de palabras *día del nacimiento* (en latín DIES NATALIS) explica otro nombre que evoca estas fiestas, *Natalia*, que deriva de *Natalis*. Por último, la palabra *Noël*, que significa 'Navidad' en francés, originó el nombre de *Noelia*, con la *–a* añadida para marcar el femenino.

Tres nombres (abreviados en *Nati*, *Nata* y *Noe*) que remiten al mismo hecho, la celebración del nacimiento de Jesucristo, pero que son muy distintos en frecuencia. En la web del Instituto Nacional de Estadística podemos entretenernos viendo los datos sobre frecuencia de los nombres y apellidos en España por provincia, época... desde principios del siglo xx a hoy. Mirando qué ocurre con *Noelia*, nos encontramos que hasta la década de los 70 el nombre solo era usado (y minoritariamente) en las Islas Canarias; ahora bien, a partir de esa década se extendió de golpe por toda España. El cantante valenciano Nino Bravo había grabado la canción *Noelia* en 1972, y de nuevo la historia de la lengua se vio afectada por la de los gustos musicales de su tiempo.

Nati, que tu amiga Natalia ha llamado para que vayáis con Noelia a comprar un regalo de Navidad para sus abuelos.

Es una frase un poco rebuscada pero ¡cuenta Navidades por todos los lados!

Y una despedida

Me toca despedirme del lector. Espero que haya disfrutado en este recorrido que hemos emprendido juntos caminando y parándonos a ratos en las distintas estaciones de nuestras cien historias sobre el español. ¿*Adiós, hasta luego*? ¿Cómo será que se despide el lector? ¿En qué circunstancias emplea cada una de las distintas fórmulas de cierre del español? Veamos: en latín se despedían con VALE, del verbo VALERE ('ser fuerte', 'tener salud') que aparecía en fórmulas desiderativas como VALE, VALETE, CURA UT VALEAS (o 'cuida de estar bien'), SI VALES, BENE EST, EGO VALEO, etc.

Lo de decir *adiós* (de la expresión *a Dios seas*) se acostumbraba ya a fines de la Edad Media y era así como se despedía Cervantes del mundo, días antes de morir, en un pasaje del *Persiles* (1616): *Adiós gracias, adiós, donaires; adiós, regocijados amigos; que yo me voy muriendo, y deseando veros presto contentos en la otra vida.* Hoy es muy común usar un *hasta luego*, que tiene dentro a *luego* (del latín LOCO) que significó primero 'inmediatamente' y desde el siglo XIX empezó a usarse con el sentido de 'después'; como fórmula de despedida se usa al menos desde el siglo XVIII.

Y con estas expresiones vernáculas, venidas del latín, conviven otras: el trasplante de *ciao* (sonando *chao*, o, muy comúnmente, *chau* en Uruguay), el de *bye* (tomado del inglés *bye-bye* o *goodbye*) o el de *agur* ('adiós' en vasco, que lo tomó a su vez del envío de AUGURI 'augurios' para despedirse en latín).

Saludos latinos desaparecidos, saludos romances conformados con palabras venidas del latín y saludos prestados desde otras lenguas nos enfrentan a los procesos más comunes que hemos visto en este libro: pérdidas, creaciones y adquisiciones son constantes en una lengua viva como el español, y que no ocurrieran esos cambios solo indicaría el inicio de su muerte.

Llega el final de nuestra *Una lengua muy muy larga* y suelto la mano del lector. Espero que haya aprendido que es dueño de sus palabras y de su lengua, pero que no olvide nunca que esas palabras y esa lengua las ha recibido de otros que hablaron antes que él y le prestaron sus palabras para que siguiese la cadena.

Quien saboreó en el siglo XII sentado en el bordillo de su plaza el recitado de la historia de Rodrigo Díaz de Vivar, el que leyó a voces el pregón del alcalde en la lengua vulgar que todos entendían, quien redactó lo mejor que pudo, con mucho esfuerzo y mala letra, una carta desde América en el siglo XVI pidiéndole a su padre en España que no lo olvidara, el que acarició los tomos del primer diccionario de la Academia pensando que ese era el libro de todas las palabras y quien empezó hace unos años a aprender español como segunda lengua enamorándose del idioma y sorteando sus escollos... todos, a su manera, pensaron sobre los mimbres de que está hecha nuestra lengua. Yo acaricio su tejido, me sorprendo de su anchura y digo ¡Hasta pronto, lector!